AF226620

G. BOUQUIER.

G. BOUQUIER

DÉPUTÉ A LA CONVENTION NATIONALE

Peintre de Marines et de Ruines, Membre de l'Institut de Bologne, de l'Académie des Arcades de Rome, de l'Académie de Peinture de Bordeaux.

NOTES

SUR

L'ÉTAT DE LA PEINTURE EN FRANCE ET EN ITALIE

A LA FIN DU XVIIIᵉ SIÈCLE

PAR LE Dʳ E. GALY,

Chevalier de la Légion-d'Honneur, directeur du Musée départemental de la Dordogne, correspondant du Ministère de l'Instruction Publique pour les travaux historiques, etc.

PÉRIGUEUX

IMPRIMERIE DUPONT ET Cᵉ, RUE TAILLEFER.

—

1867.

G. BOUQUIER

DÉPUTÉ A LA CONVENTION NATIONALE,

Peintre de Marines et de Ruines, etc.

Au mois de juin 1866, la direction de l'assistance publique de Paris faisait vendre, dans la petite ville de Terrasson, le mobilier d'une vieille demoiselle qui avait institué pour ses légataires universels les pauvres malades. Parmi les objets livrés aux enchères, figuraient une bibliothèque, des tableaux et d'autres œuvres d'art.

Quelle était cette savante, ce *bas-bleu* de province, si riche d'argent, de goût et de cœur, qui alliait tant d'amour pour les choses de l'intelligence à tant de charité ? Elle s'appelait Zénobie Bouquier. C'était une fille d'un esprit cultivé et qui, autrefois, avait justifié son prénom ambitieux par deux ou trois pièces de vers qui avaient couru le canton. Mais depuis longtemps elle avait abdiqué toute prétention à la souveraineté littéraire. Elle vivait retirée, n'aimant qu'une poule, et lorsque cette compagne, chargée d'ans et de caresses alla de vie à trépas, elle lui fit faire de magnifiques funérailles. Que ne l'immortalisait-elle, ainsi que le moineau de Lesbie? Mais n'est pas Catulle qui veut.

Le père de Mlle Bouquier, mort il y a cinquante-six ans, lui avait laissé des livres et des tableaux ; personne ne pénétrait dans la chambre où ils étaient enfermés. Les rats rongeaient en paix le veau des reliures, le parchemin des portefeuilles ; les araignées tissaient et superposaient leurs longues toiles qui, du haut des poutrelles, tombaient en stalactites et interceptaient la clarté. Ce père avait été écrivain, poète, peintre et quelque peu législateur ; sa fille, d'ailleurs, ne pouvait oublier qu'il lui avait transmis l'influence secrète de sa muse. En conséquence, elle ajouta à son testament une clause qui obligeait ses héritiers à glorifier la mémoire de Gabriel Bouquier, en publiant un choix de ses œuvres.

Une vente d'objets d'art, dans les départements, est, d'ordinaire, d'une mince importance. Paris appelle à lui tout ce qui est beau, tout ce qui est bon dans ce genre. C'est prudent et plus lucratif. Où trouver, chez nous, cinq ou six millions à échanger contre des collections pareilles à celles du prince Soltikoff, de MM. Pourtalès, de Morny et Salamanca ? Les billets de banque rendent un hommage éclatant aux chefs-d'œuvre de l'art, et ils sont plus appréciés du public que les meilleures pages des plus fameux critiques. Pour beaucoup de gens même, l'unique preuve de la valeur d'un tableau ou d'une statue est le prix élevé qu'ils l'ont payé. — On aurait donc tort, en province, de s'attendre à voir apparaître, sous le marteau de l'huissier-priseur, un Antonello de Messine, un Léonard, en un mot, quelque merveilleuse rareté ; il faut se contenter le plus souvent de dessus de portes et de paravents, *illustrés* par le pinceau des peintres-vitriers de la contrée.

La vente était annoncée ; ce ne pouvait être une mystification comme celle qui eut lieu en 1840, à Binche, et que provoqua le spirituel catalogue de la bibliothèque imaginaire de Fortsas. Et puis le nom de Bouquier ne m'était pas tout à fait inconnu. Pour faire plus ample connaissance, j'ouvris un dictionnaire biographique et je lus :

« Bouquier (Gabriel), homme de lettres, embrassa avec enthousiasme les principes de la Révolution de 1789. Élu, en 1792, député de la Dordogne à la Convention nationale, il prononça plusieurs discours sur l'enseignement. Nommé membre du comité de l'instruction publique, sur sa proposition un concours fut ouvert pour la restauration du museum ; secrétaire de la Convention et président du club des Jacobins, il vota la mort de Louis XVI. Il a composé un opéra : *La Réunion du dix août,* en collaboration avec son collègue Moline. En 1795, retiré à Terrasson, il s'occupait de peinture. »

L'article de la *Biographie* de Michand couvre de ridicule l'auteur dramatique et rend odieux le régicide. Cependant, ce personnage, si maltraité par MM. Weiss et Audiffret, avait compté parmi ses amis Joseph Vernet, Greuze, Peyron, Louis David, Cassini, Grégoire, évêque de Blois ; Tolozan, l'abbé Sicard, Loys de Sarlat, Leydet ; Lacombe, évêque d'Angoulême, et une foule de notabilités de la fin du xviiie siècle. Méritait-il d'être rejeté, ainsi tout entier, dans les bas-fonds où se sont abîmées tant de renommées malsaines ou douteuses de la Révolution ? Il se recommandait, à coup sûr, par quelque grande qualité.

A défaut de bons livres et d'œuvres d'art, je comptais trouver sa correspondance avec ses amis politiques.

J'arrivai à Terrasson ; la pluie tombait à torrents. Dans l'omnibus qui m'apporta au sommet de cette jolie villette, pittoresquement étagée sur le bord de la Vézère, avait pris place une petite dame, entre deux âges, qui, à ma vue, se mit à se lamenter sur la manière indigne dont elle avait été frustrée de la succession de Mlle Bouquier. Elle m'avait pris pour un fondé de pouvoir des hôpitaux de Paris. Si ce n'était une parente, c'était au moins une habituée de la maison ; je me hâtai de l'interroger sur les collections. Elle ne parut pas me comprendre et me vanta l'argenterie, les bijoux et les vieilles dentelles.

Dans l'étroite chambre où se faisait la vente, des paysans se disputaient, à chers deniers, des chaudrons troués par la rouille et des bahuts tombant en poussière. Un de mes amis m'aperçut : — Je gage, me dit-il, en me tendant la main, que l'annonce pompeuse que vous avez lue dans les journaux nous vaut le plaisir de vous voir ici. Nous n'avons, mon très cher, *ni Lambert, ni Molière*, mais bien une hospitalité cordiale à vous offrir. Un expert de Limoges, un peintre, *un homme du métier*, a tout vu, tout examiné, et il a assuré que ce fatras de livres et d'images ne monterait pas à cent francs. L'accueil que je recevais me consolait, mais j'étais un peu confus de m'être laissé entraîner jusqu'à espérer une trouvaille. — Surmontant mon désappointement, je continuai : — Qu'est devenue la correspondance du *Conventionnel* ? — Brûlée depuis longtemps. — Et les manuscrits ? — L'administration les fera lire à ses malades comme soporifiques ; ils ne contiennent pas deux pages supportables. Ils consistent en une myriade de vers sans charme poétique, sans originalité de facture, médiocres autrefois, même à côté de ceux de Baour-Lormian et devenus détestables à présent ; quant à la prose, c'est celle d'un vieillard prétentieux, qui a jugé les événements de la Révolution française en maudissant hommes et choses, et qui a essayé de se justifier du rôle honteux qu'il y a joué. Les notes sur les arts pourraient peut-être vous intéresser ? Mais c'est tout. — L'impatience me gagnait. Voyons donc ce qu'on a décoré du nom de bibliothèque ?

On m'introduisit dans une pièce étroite où tout était en désordre. — L'ennemi avait passé par là ; il n'y a qu'un amateur pour comprendre cette déception. — Au milieu des bouquins émiettés par les vers et la moisissure, gisaient pêle-mêle, des tableaux noircis par la fumée, et des portefeuilles bourrés de papiers. — Trois ou quatre toiles où l'on distinguait à peine les traits et la couleur, appelèrent mon attention. La griffe du lion s'y faisait sentir. — J'ouvris un des portefeuilles, je le refermai après quelques instants d'examen. J'avais éprouvé un véritable saisissement ; je passai rapidement aux autres, et j'eus la même surprise. Je venais d'entrevoir deux ou trois cents dessins des vieux maîtres italiens, hollandais, flamands et français ; un millier d'études et d'aquarelles de Gabriel Bouquier, et, à en juger à première vue, plus de quatre mille estampes des graveurs célèbres de toutes les époques, à commencer par Lucas de Leyde et à finir aux charmants aqua-fortistes des règnes de Louis XV et de Louis XVI.

C'était bien là ce cabinet précieux conservé avec un certain mystère par Mlle Bouquier. Je m'assis, le courage m'était revenu ; je prétextai de la fatigue pour ne plus quitter des yeux ces portefeuilles, objets de ma convoitise. Après trois heures, qui durèrent trois jours, et avoir vu défiler devant moi le baroque mobilier de cette antique habitation, je devins l'heureux adjudicataire des trésors d'art que le peintre périgourdin avait amassés dans ses voyages en France et en Italie. Et à quel prix, grand Dieu ! à moins de cinq centimes la feuille ! L'expert limousin, *cet homme du métier*, ainsi qu'on l'appelait à Terrasson, avait prédit l'issue de la vente. Il avait montré, en cela, une rare sagacité ; — mais en cela seulement (1).

Bouquier (Gabriel) naquit à Terrasson, le 10 novembre 1739 ; son père était commissaire de l'intendance de Guienne.

(1) Les principaux ouvrages de cette collection ont pour auteurs : Polidore Caldara (un vase ; sur la panse, *Glaucus combattant pour une Néréide* ; dessin au bistre) ; Barth. Ginga, Citadini, Le Guerchin, Salvator-Rosa, Liano, Juan de Juvarra, Galli, Panini, Piranesi, Servandoni, etc., parmi les italiens. — P.-P. Rubens y est représenté par une petite sépia, un peu usée malheureusement, mais d'une très grande tournure (*Suzanne et les vieillards*) ; Claas Berghem, par l'esquisse à la plume et à l'encre de la Chine, de *la Vue de Nice*, tableau de la galerie du Louvre, n° 17 de l'école hollandaise ; viennent ensuite : David Téniers le jeune, Van Goyen, Nieulandt, Guillaume et Adrien, Van de Velde, Remi Nooms dit Zééman ;

Il avait deux oncles curés, l'un de Savignac-les-Églises, l'autre de Saint-Michel-de-Montaigne. Son frère Elie, plus jeune d'une année, fut avocat et juge à Périgueux.

Elève du collége de Brive, il montra d'abord une grande aptitude pour les mathématiques et les sciences naturelles; il s'appliqua ensuite avec ardeur à l'étude du dessin. — Une autre passion moins heureuse, celle de faire des vers, s'empara de lui en même temps, et il ne s'en délivra jamais. Manquant d'un bon professeur et de modèles, il se procura des estampes. Sa famille était riche, il put visiter les villes les plus voisines où il pouvait espérer de voir des tableaux. — A Périgueux « dont les habitants n'ont jamais eu la moindre connaissance des sciences et des arts et où la bourgeoisie n'est occupée que de la confirmation de ses priviléges municipaux,

il y a un dessin à la plume d'une artiste d'Augsbourg, Jeanne-Sibylle Kuslen, dont je lis le nom pour la première fois, avec la date 1676.

Les peintres français s'y pressent en foule : N. Poussin? (dessin satyrique à la plume, *la Peinture et la Sculpture s'étant noyées dans le Tibre ; les ânes seuls survivent et paissent sur les ruines de Rome ;*) Claude Gellée (*restes du temple de Minerve* à l'encre de la Chine) ; S. Bourdon, Verdier, Israël-Silvestre, Francisque Millet, les Desportes, Gillot, Lancret, Man glard, Joseph Vernet, Boucher père et fils, Chardin, Fragonard, La Rue, Laurent Cars, Cochin, Sané, Sarazin, Lagrenée jeune, Jeanteau, Parizeau, Hubert Robert, Peyron, Louis David (dessins à la gouache pour la fète républicaine du 10 août 1793 (*) et une esquisse à l'huile dans la manière de Fragonard, représentant *une baigneuse ;*) Touzé, Clérisseau, Lantara, Boissieu, Norblin, etc. — Je ne puis énumérer ici toutes les estampes intéressantes ou peu communes. Après les maîtres du xvie siècle : Marc-Ant. Raimondi, Bonasone, Hans Schœuffelein, Lucas Damesz, Albert

(*) Voy. plus loin leur description.

n'ayant ni commerce, ni industrie (1) » , il fut très étonné de trouver deux bons tableaux peints par un nommé Gauthier, qui avait passé sa vie dans la capitale du Périgord, faisant de l'art pour l'art, n'en retirant aucun bénéfice, ni la plus petite renommée. D'où était ce peintre, comment se trouvait-il à Périgueux? On l'ignore; il avait du talent. « Un *saint Pierre délivré de prison*, placé dans la cathédrale de Saint-Front, se recommandait par un bel effet de lumière; le saint et l'ange étaient habilement drapés et la touche en était moelleuse. Le portrait de Mgr l'évêque Macheco de Prémeaux, que possédait le curé de Saint-Front, était aussi une œuvre

Durer, Corn. Cort, Léonard Gaultier, Bouquier avait réuni d'excellentes épreuves de la plupart des graveurs du siècle de Louis XIII et de Louis XIV.

Il avait une prédilection pour les paysagistes qui ont gravé à l'eau forte: Claude Lorrain, Le Guaspre, Ruysdaël, Herman Swanevelt, les Silvestre, les Perelle, Hackaert et S. Leclerc. Il n'avait pas négligé de recueillir les vignettes, les cartes d'adresses, les billets d'invitation de bal, de spectacle et tous ces petits riens si spirituels dus au burin de Cochin, d'Eisen, de Gravelot, de Marillier, de Le Mire, de Choffard, de Queverdo, de Moreau le jeune, etc.; ses cartons avaient donné asile aux œuvres de quelques amateurs célèbres tels que le comte de Caylus, le comte Bianconi, l'abbé de Saint-Non, le comte de Breteuil, Lempereur, Denon, et j'y trouve deux portraits gravés par un comte de Cely (*) qui m'est inconnu. Enfin, Bouquier avait conservé ses deux cartes d'entrée à la Convention, l'une gravée par J.-B. Morret et signée de J.-P. Saurin, 1792; l'autre, gravée et signée par Sergent, le beau-frère du général Marceau, qui avait pris le prénom d'Androphile, mais que le public, à cause d'une triste histoire sur un camée provenant d'une victime des massacres de septembre et que le terroriste s'était procuré on ne sait trop comment, avait surnommé Agathe.

(1) Notes manuscrites de Bouquier.

(*) Serait-il de la famille de Harlay ?

excellente (1). — » A Limoges, il admira trois ouvrages de Léonard Limosin, le célèbre émailleur. Un *Christ mort*, une *Résurrection* et une *Assomption*. Le *Christ* était de grandeur naturelle, d'une belle couleur, mais laissant à désirer comme correction. — Le maître-autel de l'église de Saint-Martial était orné d'une bonne composition : *Jésus qui remet les clefs à saint Pierre*, par Meyjonade ; les Nouailhers, famille d'é-mailleurs, possédaient un grand nombre de dessins de ce peintre. Despax, de Toulouse, avait peint l'autel des car-mélites de Limoges.—A Toulouse, il visita le Capitole, dont l'es-calier était décoré par Chalette ; mais ce qu'il trouva, dans ce palais, de plus remarquable, et c'est pardonnable à un débu-tant, ce fut un trompe-l'œil, par J. Pierre Rivalz, qui repré-sentait deux portes feintes dont une était fermée et l'autre ou-verte. Il vit, aussi, une autre merveilleuse peinture de Valette Penau, de Montauban (2) ; elle figurait un livre ouvert ; les feuillets et les caractères étaient si exactement rendus, qu'a-près avoir lu les deux pages, plusieurs personnes avaient essayé de tourner le feuillet. — On le voit, l'élève s'égarait, le mau-vais goût le gagnait, peu à peu, sans qu'il s'en doutât. Heu-reusement que bien des fois il avait prononcé le nom de Paris, et que sa famille consentit à le laisser partir en 1765 pour aller s'y perfectionner.

Bouquier avait 25 ans ; alors, à cet âge, on était très jeune encore. Le Salon venait de s'ouvrir ; les tableaux de Carle Van-

(1) Nous ne savons pas ce que ces tableaux sont devenus.
(2) Mort vers 1781 ou 1782.

loo, de Boucher, de Vien, de Casanova, de Parrocel, y pâlissaient au milieu des vingt-deux marines ou paysages de Joseph Vernet et devant *la jeune Fille pleurant son oiseau* de Greuze. Diderot a immortalisé cette exposition par un chef-d'œuvre de critique et d'éloquence littéraires (1). Le jeune dessinateur s'enthousiasma, comme tout le monde, du peintre de paysages qui avait élevé ce genre de composition au niveau de la peinture d'histoire et qui, en reproduisant l'image fidèle de la nature, trouvait le moyen de la poétiser. *Les ciels de Vernet racontent la gloire de Dieu* (2). Bouquier adressa à l'auteur des *quatre parties du jour* et des *ports de France* une épître (3) dont les cinq cents vers sont, comme l'observe M. Léon Lagrange, d'un goût douteux (4), mais chaleureux et bien frappés, pour me servir des expressions de M. Charles Blanc (5), et caractérisent parfaitement le talent de Joseph Vernet qui, seul, a su représenter la foule :

> « ...... Sur les bords d'un vaste bassin,
> Un peuple innombrable fourmille,
> Calfate une tartane, élève un magasin,
> Transporte le café, l'indigo, la vanille ;

(1) Publié seulement en 1810.

(2) Diderot, Salon de 1765.

(3) *Épître à M. Vernet, peintre du Roi, membre de l'Académie royale de peinture et sculpture,* par M. Bouquier. A Amsterdam et à Paris, chez Monory, 1773, in-8°. — *L'Année littéraire* de Fréron en cite quelques passages.

(4) *Joseph Vernet et la peinture au* xviiie *siècle.* Paris, Didier, 1864.

(5) *Histoire des Peintres.* Biographie de J. Vernet. Paris, J. Renouard.

D'huile et de vin fait rouler les tonneaux ;
De sucre et de tabac voiture les bocaux.
Le soldat, la femme, la fille,
L'officier aux traits valeureux,
Le jeune abbé, le sergent, le chanoine,
Le commerçant, le procureur, le moine,
Le conseiller aux longs cheveux,
Le pâtre, le paysan, la timide bergère,
Le commis insolent, l'impudente harengère,
Le philosophe sourcilleux,
Le petit maître qui s'admire,
L'amoureux transi qui soupire
Et le partisan dédaigneux,
L'un sur l'autre entassés dans un bot de passage,
A force d'avirons abordent au rivage. »

Bouquier comprenait enfin que l'art du peintre ne consiste pas à réaliser des tours de force, mais à interpréter la nature, à s'en éloigner le moins possible et, le plus souvent, à la prendre pour guide. Il revint chez lui bien décidé à oublier ce qu'il avait si mal appris et à ne copier que les charmants tableaux qu'il avait sous les yeux. En quittant Paris, il commença à couvrir son album de croquis pris sur la route ; le premier feuillet montre la patache qui le voiturait arrêtée devant une auberge d'Etampes, et, le dernier, les vieilles maisons en bois de Limoges. De Paris à Terrasson, on mettait alors huit jours ; c'était le bon temps des impressions de voyage. — Dans d'autres recueils apparaissent les vallées riantes et les collines du Périgord, ombragées par des chênes et des châtaigniers séculaires ; les chemins creux qui conduisent aux habitations couvertes de chaume, les clochers trapus des pauvres églises de village, la tour de Chavagnac, le pont ogival de Terrasson, la grotte

de Saint-Sour, les ruines des châteaux de Montignac et de Car-
lux ; les rochers de Condat, immenses falaises qui réfléchissent
leurs lignes monumentales dans les eaux transparentes de la
Vézère ; les méandres que trace la Dordogne en arrosant les
prairies de Calviat ; enfin il reproduisit tous les sites de ces cam-
pagnes ravissantes. Ses crayons ne le quittaient plus, et quand
il alla visiter son oncle, le curé de Saint-Michel-de-Montaigne,
il rapporta quinze dessins de la demeure de l'auteur des *Essais*
et du splendide paysage qui l'environne (1).

Au mois de février 1772, Bouquier retourna à Paris ; il devait passer par Bordeaux. M. Leydet, avocat au parlement de
Bordeaux (2), qui avait été exilé à Terrasson par le maréchal
de Richelieu après la suppression des offices de cette cour,
sous le ministère Maupeou, le recommanda à M. d'Armailhac, payeur des gages de la Cour des Aides, et à Mme Du
Plessy-Michel, femme d'un haut mérite, amie de la famille de
la Montagne et de Mme de Cursol. — Ces lettres ne furent pas
utilisées ; je les ai retrouvées intactes.

« De tous mes concitoyens, disait M. Leydet à M. d'Armailhac, aucun ne contribue davantage à me rendre cher le
lieu d'exil qui m'est échu en partage que M. Bouquier ; des
talents peu communs pour les sciences et pour la peinture en

(1) Quinze dessins en rond de cinq pouces de diamètre au moins, représentant des vues du château de Saint-Michel-de-Montaigne et de ses environs. (*Catalogue de Bouquier.*) — Cette suite est probablement perdue.

(2) Frère du chanoine de Chancelade l'antiquaire érudit.

font un sujet tel que je n'aurais pas dû espérer en rencontrer de pareil dans ce pays. Il va à Paris où il a étudié pendant plusieurs années, et il se propose de revoir en passant notre ville. Veuillez bien lui montrer les choses curieuses que vous possédez dans les genres qui l'intéressent, avec cette complaisance et ce zèle que nos concitoyens bordelais ne sont guère excusables de négliger, malgré l'exemple que vous leur donnez..... »

Et à Mme Du Plessy :

« Je rentre à Bordeaux, par écrit, en compagnie d'un philosophe qui suppléera à mon absence : c'est M. Bouquier; il doit vous être déjà connu; mathématicien, amateur-virtuose du dessin et de la peinture, homme de bien, surtout, et par conséquent bon citoyen; de cette espèce dont quelque douzaine de plus améliorerait notre capitale gasconne; malheureusement, il nous quittera presque aussitôt pour la grande capitale. Je n'ai pas besoin de vous prier de nous aider à retenir un peu plus de temps ce sage amateur des bonnes choses. Ne manquez pas de lui faire voir vos deux portraits de M. et de Mme d'Armailhac; il les jugera en maître. »

Depuis que Lafont de St-Yenne avait publié ses *Réflexions* (1), la critique des Salons, représentée par l'abbé Leblanc, Charles-Antoine Coypel, Baillet de Saint-Julien, Fréron, Bachaumont, Mathon de la Cour et une nuée d'écrivains, la plu-

____

(1) *Réflexions sur quelques causes de l'état présent de la peinture en France*, etc., 1746, in-12.

part incapables, harcelait périodiquement les exposants. Les spirituelles causeries de Denis Diderot n'étaient connues que de quelques intimes. Bouquier, d'une tournure d'esprit caustique, entra en lice au Salon de 1775. Il avait bec et ongles, ou plutôt prose et vers, et il s'en servit sans aucune pitié (1).

Ainsi qu'on doit s'y attendre, Joseph Vernet est son héros : « M. Vernet est le premier de nos peintres; le feu qui l'anima dans sa jeunesse ne s'est point éteint; ses compositions sont d'une richesse étonnante, son exécution est aussi précieuse que jamais; c'est le rival du Lorrain; c'est un peintre de génie. Son dernier tableau représente un pays montueux au moment d'un orage. Il appartient à milord Schelburne; les Anglais nous enlèvent tout ce que nous avons de beau. On voit encore au Salon deux tableaux du même auteur d'une beauté ravissante : *la Construction d'un grand chemin* (2), *et les Abords d'une foire* (3). »

Immédiatement après Vernet il place Duplessis. Selon lui, cet artiste a porté le genre du portrait à un degré de perfection auquel il est difficile d'atteindre. « Le portrait du chevalier Gluck est un chef-d'œuvre digne d'entrer en comparaison avec tout ce que Van Dyck a fait de plus beau; personne n'a rendu avec plus de vérité les différentes étoffes, le linge, la dentelle et les accessoires; mais les mains sont incorrectes; « que Duplessis

(1) Ce Salon est inédit.
(2) Aujourd'hui au musée du Louvre.
(3) Au musée de Montpellier.

s'en corrige, et il obtiendra le titre de roi du portrait. » —
Greuze n'exposait plus ses ouvrages en public, lui qui soutenait
avec tant d'éclat l'honneur de l'école française. Il n'en recher-
chera pas la cause, mais il ne peut s'empêcher de faire l'éloge
de ce peintre éminent. Il décrit *le Gentilhomme pauvre secouru*,
et il fait ressortir en nobles termes toute la compassion qu'on
éprouve devant cette scène attendrissante. — Lantara, le bon
Lantara, est absent.... parce qu'il n'est pas de l'Académie!
Tremblez, légionnaires de cette compagnie exclusive! Bounieu,
Monnet, Taraval, Joullain, Durameau.... Durameau, l'élève
de ce fameux M. Pierre, premier peintre du Roi, qui

> ...... mutila dans ses tableaux
> Les grands maîtres et la nature ;
> Il inventa le roulis du pinceau ,
> Détruisit le bon goût, éteignit le génie,
> Substitua *la tartouille* au vrai beau,
> Et de frotteurs peupla l'Académie.

Le réformateur Vien n'échappe pas à son indignation :

> Si vous aimez le pathétique,
> N'allez pas le chercher dans les tableaux de Vien ;
> Il dessine comme l'antique,
> Mais il n'exprime jamais rien (1).

Le critique a raison, Vien n'a fait qu'une bonne chose,
l'Ermite du Louvre, et cet ermite est endormi.

(1) De toutes les épigrammes de Bouquier, voici la meilleure :

> Un amateur considérait un jour
> De Louis XV la statue;
> Lorsqu'en se pavonant, comme un homme de cour,
> Un gascon tout-à-coup vient s'offrir à sa vue,

Il se plaint qu'il n'y a plus de peintres d'histoire. « Hallé enseigna la manière de grouper les figures en les collant les unes sur les autres, de sorte qu'on ne peut apercevoir le fond de la scène; cet agencement faux, érigé en méthode, altéra le goût; puis vinrent l'enluminure pâteuse, la fadeur des tons blafards de l'école de Boucher. A la place des grands sujets que traitaient les peintres du siècle de Louis XIV, nous avons eu *les Désirs satisfaits, le Verrou, les Gimblettes,* et d'autres productions plus lubriques encore. » — Pérignon est un goua- cheur; de Machy, un peintre de camayeux. — Il s'apaise, ce- pendant, à la vue des *Ruines* de Hubert Robert; il blâme la crudité de ses tons et son faire expéditif, mais il rend hommage à la vigueur et à l'harmonie qui règnent dans quelques-unes de ses œuvres. « M. Robert a du goût et de la finesse; s'il com- met des fautes de perspective linéaire, il sait les masquer par des accidents de terrain ou par des monuments. J'ai vu deux beaux tableaux de cet homme de mérite; c'était des *Vues de*

  Lui dit, sans aucun compliment :
 Voilà, monsieur, un fort beau monument ;
 Je m'y connais, je n'ai pas la berlue.
  Que pensez-vous de ce cheval ?
Il est bien, selon moi !.... — Mais, monsieur, je vous prie,
Dites-moi, qu'a-t-on mis aux coins du piédestal ?
 Quatre vertus, monsieur. — Mort de ma vie !
 Quatre vertus ! qui s'en serait douté ?
  Notre roi n'a jamais été
  En aussi bonne compagnie.

Cette statue équestre, élevée sur la place qui, depuis, fut dite *de la Révolution* et plus tard de *la Concorde,* était de Bouchardon, et les bas-reliefs de Pigalle ; le peuple la renversa en 1792.

Rome; ils avaient trente-cinq pieds de long sur une hauteur proportionnée. »

Bouquier a gardé ses plus douces flatteries pour Mlle Vallayer (1). Il en parle avec bonheur : « Comblen je suis ravi d'avoir l'occasion de louer Mlle Vallayer, sans qu'on puisse me soupçonner de partialité : cette demoiselle réunit aux grâces de son sexe l'art de charmer par le talent qu'elle a de rendre l'éclat des fleurs, le velouté des fruits, leur transparence, le poli des pierres précieuses; elle peint le portrait avec un art plus précieux encore. Heureux qui près d'elle, dans un atelier paisible,

> Unissant la peinture à l'amour,
> Auprès de Vallayer languit, brûle et soupire,
> Et qui, pour marque de retour,
> Obtient d'elle un tendre sourire. »

Avec ce marivaudage qui était de saison, avec sa verve méridionale, son amour pour l'art et l'indépendance que lui donnait sa fortune, Bouquier fut bientôt lié avec de nombreux artistes et amateurs. — Il voyait souvent Greuze au café Procope.

Le peintre de *l'Accordée de village* et de tant de scènes populaires qu'il a dramatisées, demeurait alors rue Saint-André-des-Arts. « Il arrivait ordinairement au célèbre café vers deux

---

(1) Vallayer (Anne), fille d'un orfèvre de Paris, née en 1750, morte vers 1819, mariée à M. Coster. Talent remarquable. C'est pour elle que fut fait ce joli mot : *Allons voir une femme qui est un habile homme.* Son portrait, peint par elle-même en 1773, fait partie de mon cabinet. Un miniaturiste distingué, M. Cournerie, de Terrasson, a recueilli, dans son habitation de Saint-Mandé, un certain nombre de toiles de Mlle Vallayer. — Il est regrettable que le Musée du Louvre ne possède rien de cet ancien membre de l'Académie de peinture.

heures et demie; dès qu'il paraissait, il était entouré d'artistes et de gens de lettres. Il y passait une heure environ, parlant de son art avec une grande clarté; sa parole était facile; il répondait avec précision aux questions et aux difficultés, soit sur la partie géniale, soit sur la partie mécanique de la peinture. Pour nous, jeunes peintres, sa conversation était surtout instructive. Greuze portait beaucoup de soin dans le choix des couleurs et des brosses. Les impressions de ses toiles devaient avoir au moins deux ans. Je ne l'ai jamais vu peindre, mais je lui ai souvent ouï dire qu'il avait coutume de charger ses palettes trois ou quatre jours d'avance et qu'il ne s'en servait que lorsque les couleurs s'étaient revêtues de cette pellicule que les peintres connaissent. C'est, disait-il, un des vrais moyens de conserver dans les tableaux toute la pureté et tout l'éclat dont les couleurs sont susceptibles. Si les peintres français sont pour la plupart de mauvais coloristes, c'est parce qu'ils ignorent la rupture des couleurs, leurs choix, l'économie avec laquelle il faut les employer, l'art des glacis, et qu'ils négligent de prendre quantité de petites précautions de pratique d'où dépend la plus grande partie du succès.

» Greuze a été le créateur du genre moral; il voulut peindre l'histoire, ce fut son écueil; certaines têtes de lui sont d'une grande manière. Le portrait de son beau-père est un chef-d'œuvre. — Il était plein d'orgueil; il ne disait point du mal de ses confrères, mais il les mettait toujours au-dessous de lui. En 1773, le succès du *Paralytique* lui fit tourner la tête. Je l'entendis s'écrier : *Il n'y a qu'un Greuze au monde!* »

Bouquier connut particulièrement Sané, peintre d'histoire, né à Paris en 1733. D'une santé déplorable, cet artiste marchait difficilement et sa main fut longtemps à lui refuser le maniement du crayon et du pinceau; *la Mort de Socrate* lui mérita d'être envoyé à Rome comme pensionnaire du Roi; mais il ne justifia pas les espérances qu'avait données cette première œuvre; soit timidité, soit défaut de génie, il ne produisit rien pendant les quatre années de son séjour à Rome. Tout ce qu'il fit à Paris, depuis son retour, est médiocre. C'était une nature douce, obligeante, mais trop monotone. Il dessinait bien et modelait avec goût. Il avait exécuté un magnifique torse d'après l'antique. Il mourut en 1780. — Bouquier avait eu l'occasion de voir le jeune Norblin chez Langlois, marchand de tableaux et d'estampes et grand connaisseur. Norblin avait commencé à dessiner dans la manière de Watteau; mais Langlois lui ayant confié un tableau de bataille de Casanova, qui contenait près de cinq cents figures, il le copia trente fois, et, après ce rude labeur, il se livra à ce genre de peinture.

N'oublions pas des détails assez plaisants sur deux originaux, deux paysagistes, qui avaient formé une société pour l'exploitation de leurs talents : Crépin et Sarazin. Au début, Crépin avait décoré des voitures et des chaises à porteurs; il ornait leurs panneaux de gracieux paysages; Dutour s'était chargé des animaux, Huet des fleurs, et Martin y apposait son éblouissant vernis. Crépin prit pour élève Sarazin, et il conçut pour lui une si vive amitié, qu'il abandonna ses premiers aides et se l'adjoignit comme collaborateur. Sarazin, de son côté, délaissa sa femme afin de pouvoir vivre avec son maître. Jamais peintres n'expédièrent si rapidement pour Paris et la province le paysage pastoral ; ils peignaient l'un et l'autre du premier jet. Crépin fit en six jours six tableaux de quatre pieds de largeur sur trois de hauteur, et Sarazin en un jour douze dessins, à six francs la pièce, pour M. de Coërcin. Crépin avait peint pour un particulier de Limoges une salle entière qui était très admirée. Les deux amis menaient une vie épicurienne que leur fécondité ne suffisait pas à entretenir ; souvent plongés dans la détresse, il leur arriva de se coucher en plein jour pour tromper la faim, réalisant ainsi le proverbe : *qui dort dîne*. Sarazin mourut en 1784, deux ou trois ans après Crépin.

Le fidèle Achate de Bouquier, son inséparable, ce fut Jeanteau, le célèbre restaurateur de tableaux, pasticheur aussi étonnant que David Téniers. Né à Paris en 1736, ce peintre eut pour premier maître Noël Hallé ; il fit d'abord du pastel et des miniatures pour tabatières en émail, puis il étudia la manière des vieux maîtres et parvint à saisir avec tant d'art le style, la couleur, le faire de quelques-uns, que les connaisseurs les plus expérimentés confondaient ses imitations avec les originaux. Jeanteau eut le tort grave de laisser vendre et de vendre lui-même des Titiens, des Salvator Rosa, des Rubens, des Rembrandts, des Vatteaux apocryphes qui courent encore dans la curiosité, et qui sortaient de son atelier. Tout en le blâmant, on ne pouvait se lasser d'admirer la souplesse de ce talent, qui a dû faire à la fois, parmi les amateurs, beaucoup d'heureux et beaucoup de victimes. Le pastiche est un innocent plagiat comme étude, mais il devient un faux quand son auteur en bénéficie. Jeanteau céda aux conseils de Bouquier, et finit par n'employer ses pinceaux qu'à la restauration des tableaux. Son ami s'extasie sur la dextérité avec laquelle, après avoir rentoilé une vieille peinture, bouché les trous et les crevasses, il enlevait les vieux repeints, fixait les nouveaux aux tons des maîtres, en reproduisait la touche, n'altérait en rien le velouté primitif, rétablissait les glacis, faisait revivre les couleurs. Le comte d'Artois, M. de Laborde, banquier de la cour, Joseph Vernet, les amateurs et les marchands de tableaux les plus accrédités de tous les pays, eurent recours à lui; il gagna des sommes considérables, mais qu'il dissipa promptement.

Bouquier, non-seulement reçut des conseils de Jeanteau pour se diriger dans ses études, mais, grâce à lui, il put commencer à vendre, à Paris, quelques-uns de ses tableaux et de ses dessins. C'est avec lui qu'à la fin de 1776 il entreprit de visiter l'Italie. Ils se rendirent directement à Bologne, et tandis que Bouquier dessinait, Jeanteau, qui était venu aussi dans l'intention de travailler sérieusement, passait son temps à courir les cabinets d'amateurs et les galeries, brocantant des tableaux, des dessins et des gravures qu'il avait apportés de France, abandonnant presque la peinture.

En apprenant le départ de leur compatriote, les bons habitants de Terrasson s'étonnèrent d'une pareille détermination; passe encore pour *le tour de France*, mais s'expatrier pour apprendre la peinture, c'était folie! Le frère de Bouquier lui écrivit :

« Les génies de ce pays ne peuvent pas comprendre, et ils voudraient fort savoir quel est le but de ton voyage. Je les laisse dans l'incertitude et les renvoie à notre père, qui leur fait part de tes lettres..... Je t'invite à mettre à profit les douze cents francs dont tu accuses la réception. Il faut croire que les talents que tu auras acquis t'en produiront l'intérêt au centuple lorsque tu seras de retour à Paris. Du reste, le moment paraît favorable; on ne parle en France que marine; les Anglais nous enlèvent nos vaisseaux; que de banqueroutes dans nos villes maritimes! la tristesse règne à Bordeaux..... »

Ce cher frère raillait-il ou croyait-il naïvement que le peintre de marine pouvait, comme Puget, le sculpteur des galères du roi Louis XIV, aider son pays à réparer sa flotte?

Bouquier, presqu'à son arrivée à Bologne, fut accueilli par le comte Bianchi, un des quarante sénateurs de cette ville; homme aimable, qui possédait un palais, où il offrit l'hospitalité au peintre périgourdin. L'artiste, plein de reconnaissance, lui servit de secrétaire pendant sa longue correspondance avec une famille de Grenoble dont il recherchait l'alliance. Un pareil protecteur lui ouvrit les principales galeries de Bologne, celles des familles Zambeccari, Ercolani, Sampieri, Monti, Buonglioli, etc.; elles abondaient, ainsi que les églises, en tableaux des artistes bolonais: le Francia, les Carraches, le Guide, le Do-

miniquin, le Guerchin et l'Albane. Bouquier se rappelait avec
étonnement deux demi-figures de la collection Zambeccari,
par Carlo Lotto (1), *Caton d'Utique, prêt à se poignarder*, et
Caton s'arrachant les entrailles. « Elles égalaient en coloris
les œuvres de Rembrandt et leur étaient bien supérieures par
l'expression. » Il vécut à Bologne dans l'intimité de la plupart
des artistes alors en renom, et il donne sur eux des détails qui
font parfaitement juger de l'état d'affaiblissement dans lequel
était tombée l'école lombarde. Ce sont, pour la plupart, des
noms très obscurs.

Carlo Bianconi, né en 1732 à Bologne, peintre-graveur à
l'eau forte, sculpteur, architecte, littérateur, élève de H. Gra-
ziani. Parmi ses tableaux, on remarquait une *Annonciation*
destinée à une église de Rome. Le tombeau en marbre du philosophe Algarotti est son ouvrage. Il fit construire un palais à
Bologne et publia la description de cette ville. Il avait formé
une bibliothèque considérable et une riche collection d'estampes.

Les Gandolfi. — Ubaldo, peintre d'histoire religieuse (le sé-
nateur Casali possédait un grand nombre d'études de sa main),
et Gaëtano, son fils, peintre d'histoire profane, d'allégories et
d'arabesques, qui avait décoré deux plafonds du comte Zini.

Le comte Zini, élève de Mauro Tesi, dessinait les vases anti-

(1) Ce peintre n'était pas Italien, comme son nom pourrait porter à le
croire. Il s'appelait Charles Loth ; né à Munich, il mourut à Venise
en 1676. Il avait beaucoup étudié le Caravage et s'était fait une manière
pleine de force, de grandeur et de naturel.— A peu près inconnu en France.

ques et l'architecture, à la plume et au lavis d'encre de la Chine.

Mauro Tesi, habile dessinateur, à la plume, de paysages et d'architecture; sa fille, âgée de 16 ans, avait autant de talent que lui; elle avait exécuté de grands sujets historiques avec des figures de huit à neuf pouces.

Antonio Becadelli, peintre de sujets familiers et de bambochades. Il était très âgé; possesseur d'une collection importante de tableaux, de dessins et de gravures dont il faisait les honneurs avec plaisir.

Pasinelli, compositeur de sujets galants; Bouquier lui avait acheté plusieurs tableaux. — Gabiani, imitateur des Garraches. — Canuti, élève du Guide, qui a si bien pastiché son maître, qu'on distingue difficilement les tableaux de ces deux peintres.

A propos du Guide, le chanoine Nicoli racontait l'anecdote suivante : on sait que Guido Reni a eu deux manières : la première heurtée, vigoureuse, rappelant Michel-Ange de Caravage; la seconde, claire, d'un dessin mou, d'un coloris plâtreux qu'il prit à Rome où il séjourna longtemps. Revenu à Bologne, Le Guide voulut revoir les tableaux qu'il y avait peints. Un jour quelqu'un le trouva tout en larmes devant le tableau du maître-autel de Saint-Michel-in-Bosco, qui représente le crucifiement; et comme on lui demandait la cause de son chagrin : *Ah!* dit-il, *j'ai perdu ma belle manière, je ne suis plus en état de faire rien de beau comme cela.*

Nicoli, chanoine de Sainte-Marie-Majeure, était un miniaturiste excellent, de l'école du Guide; bon musicien, il jouait de la flûte.

Giuseppe Varotti, peintre d'histoire, professeur de l'académie florentine.

Benedetto Paolazzi, peintre d'architecture; on lui devait les décors du palais Monti; talent faible; il avait habité pendant quelque temps la Russie.

Vincenzi Martinelli, paysagiste, bon et à bon marché. — On ne connaissait à Bologne ni les tapisseries, ni les papiers peints; on couvrait les murs de tableaux.

Paolo Bellarini, paysagiste à l'huile et à la détrempe. — Paolo Bardini, décorateur. — Mazza, architecte graveur. — Les Giusti frères, l'un musicien, l'autre imitateur de Watteau. — Touzelli, portraitiste vénitien. — Lemperani, corse; à l'âge de 32 ans il jouissait d'une telle renommée, qu'il faisait payer ses leçons de chant 2 sequins (1) l'heure; il humiliait Bouquier en affirmant que la France ne possédait pas trois musiciens capables de solfier la gamme. — La signora Benci, jeune, jolie, excitait la curiosité des étrangers par sa longue et épaisse chevelure, dont elle s'enveloppait jusqu'aux pieds comme d'un

(1) 24 francs.

manteau. Ce don si rare de la nature contribuait, ainsi que le
signale malicieusement Bouquier, à faire valoir son talent de
miniaturiste.

Une cantatrice de 17 ans, Adelaïde Souavi, mérita l'hommage poétique du peintre. La facilité du versificateur français
était à l'unisson de celle des improvisateurs italiens, mais elle
ne valait guère mieux; en revanche, sa manière de dessiner et
le sentiment qu'il acquérait à la vue des chefs-d'œuvre des maîtres et sous le ciel de ces contrées commençaient à donner à ses
œuvres un cachet de véritable mérite. Bientôt il prit rang
parmi les artistes que nous venons d'énumérer; l'Académie
Clémentine de l'Institut des sciences et beaux-arts de Bologne,
l'admit au nombre de ses membres comme peintre d'architecture et de paysages, le 14 juin 1777. Il eut pour introducteurs
les professeurs Antonio Becadelli et Raimond Compagnini.

Je ne rapporterai pas toutes les observations que Bouquier fit
pendant son séjour à Bologne sur les mœurs des Bolonais, sur
la beauté des femmes, leurs sigisbés, les théâtres, les concerts;
cela se trouve partout. L'Académie philharmonique, composée
de cent membres, tenait une séance annuelle qui durait tout un
jour et souvent une partie de la nuit. Pour y être admis, il fallait composer, dans trois séances d'une heure chacune, trois
morceaux avec toutes leurs partitions et faire preuve de talent.
— Après une ample récolte des vues et des monuments de Bologne; après avoir admiré une dernière fois la Sainte-Cécile de

Raphaël et la Sainte-Agnès du Dominiquin, Bouquier s'arracha à cette douce vie en prenant le chemin de Rome.

Un mordant écrivain a écrit un chapitre plein d'humour sur la chasse aux maris dans la Grèce contemporaine. Lorsque Bouquier arriva à Rome, les pauvres filles romaines étaient de même en quête d'époux. Ce fut à grand'peine qu'il échappa aux pièges que lui tendit une jeune femme sous forme de promesses de fortune et d'amour. Dans une société toute religieuse, les femmes vivaient dans un délaissement qui excuse leurs audacieuses entreprises. Le peuple lui parut frugal et paresseux, mais sa frugalité n'était pas la sobriété antique, car le travail d'un Romain suffisait à peine à le faire vivre, et quand il travaillait, ce n'était que pour se reposer plus longtemps.

L'ignorance, la superstition, l'amour des spectacles sanglants, la soif de la vengeance dégoûtèrent Bouquier de ce peuple romain qu'on lui avait tant vanté. Malheur à celui qui encourait la haine d'un Transtévérin ; l'offensé *se liait par le doigt* (serment ou geste qui consistait à se mordre le doigt annulaire de la main droite), et il fallait que son couteau abattît tôt ou tard une victime. Les institutions politiques tendaient encore à énerver la population. Les *baroni* ou *pick-pockets* de ce temps formaient une corporation certaine de ses moyens d'existence, exerçant principalement son industrie dans les processions et les églises. Jeanteau laissa dans leurs mains une tabatière d'or, et Bouquier son dernier mouchoir. Dès qu'un coupable avait trouvé asile dans un sanctuaire, il devenait aux yeux de tous un *pauvre réfugié,* ce qui n'empêchait pas la foule d'applaudir le bourreau quand il pendait avec promptitude un criminel, et d'entendre de toutes parts ces mots : *O che bella giusticia!* Même dans ses plaisirs, le Romain avait quelque chose de féroce. La première fois que Bouquier assista à la fête du Corso, le soir du mardi-gras, il ne put s'empêcher d'être indigné en voyant assommer par la populace tous ceux qui se retiraient sans porter une bougie allumée. Le peintre détourna ses regards de ce triste spectacle et les reporta vers les arts dont Rome avait conservé, depuis tant de siècles, le glorieux privilége.

Les princes romains protecteurs des beaux-arts étaient peu nombreux. La plupart étaient pauvres ; poëtes et peintres n'en recevaient que de faibles encouragements. Des vers, des dessins, des tableaux, des statues se payaient avec un dîner, et moins que cela, avec une tasse de chocolat, accompagnée d'une kyrielle de *bravo* et de *bravissimo.* Un jour que Bouquier était occupé sur la place Navone à examiner les vieux tableaux qu'on y étalait, il vit s'arrêter près de lui une espèce d'abbé dont le bon air le frappa, bien que ses habits fussent de véritables guenilles. Un prélat en carrosse, avec deux jeunes gens dans un riche costume, vint à passer ; il aborda le pauvre abbé, et, le traitant d'académicien, l'engagea à le suivre au palais de * où l'attendait nombreuse compagnie qui certainement applaudirait à ses nouveaux vers. L'abbé accepta avec empressement, car il était certain de souper ce soir-là.

Le sonnet continuait à être en honneur à Rome. Bouquier n'eut qu'à en composer quelques-uns pour mériter d'être reçu à l'Académie des Arcades, qui occupait le sommet du Parnasse romain. En y entrant, on lui donna le nom d'Eucrates Protogènes. On n'y voyait plus Métastase et Goldoni ; les académiciens passaient leur temps à des prouesses telles que celle qui suit : La veille de Noël 1778, il y eut une séance publique ; vingt académiciens lurent des pièces de poésies latines ou italiennes sur la naissance du Sauveur, devant un auditoire composé de cardinaux, de prélats et de citoyens de distinction. Deux pièces obtinrent tous les suffrages. La première était une revendication, par chaque mois de l'année, de l'honneur d'avoir vu naître le Christ ; la seconde consistait en un dialogue entre les bergers apprenant la *Bonne-Nouvelle.*—Quand Piranesi mourut, cinq ou six confréries se disputèrent l'honneur de lui rendre les derniers devoirs ; il fut inhumé à la lueur de six cents torches, et pendant deux jours on distribua des sonnets à sa louange.

Il y avait cinq théâtres, ouverts seulement depuis la Noël jusqu'au mardi-gras ; on y jouait des opéras sérieux et bouffons. Corneille, Racine et Calderon, traduits, habillés à la romaine, alimentaient le répertoire ; un ou deux théâtres représentaient des farces populaires. Point d'actrices ; elles étaient suppléées par ce que l'on sait. Un seigneur français qui s'était épris d'amour pour un de ces malheureux, devint furieux en apprenant la vérité, et peu s'en fallut qu'il n'étranglât son *antiquaire* qui ne l'avait pas prévenu. « Les Italiens, ajoute

Bouquier, prétendent que nous n'entendrons de bonne musique que lorsque nous consentirons à de pareilles infamies. » Quoique la chapelle du pape fût bien fournie de musiciens, ainsi que les théâtres, la musique n'était pas aimée à Rome comme à Bologne, où les artisans chantaient dans les rues et où des bandes d'aveugles formaient des chœurs. Cependant déjà le *clavecin* avait envahi toutes les maisons comme de nos jours le piano, en France. Il assista à une sérénade donnée à un personnage qui habitait près de l'église de la Trinité-du-Mont, et à laquelle prirent part deux cents exécu-tants, chanteurs ou instrumentistes, chacun ayant son pupitre éclairé de bougies.

Les cérémonies religieuses l'impressionnèrent vivement, sur-tout la procession du *Corpus Domini*; mais cette solennité étant du domaine de la foi et de l'art, l'âme du poète et du peintre ne pouvait rester insensible à de pareilles magnifi-cences, alors même qu'elle n'aurait pas été profondément reli-gieuse.

Rome sommeillait, ainsi que Bologne, en pleine décadence artistique. En peinture, le dernier des Romains était le vieux Pompeo Battoni, honnête médiocrité, traitant l'histoire d'une petite manière et avec une grâce affectée. Après lui venaient : les deux frères Labruzzi, dessinateurs et paysagistes; Corvi (Dominique), bon anatomiste, mais ennuyeux. — Dans l'en-seignement, l'étude de la nature était proscrite; on ne travail-lait que de pratique : Leclerc jeune, né en Flandre, tenait un atelier d'élèves qui avait du renom ; or, ce maître semblait ne pas se douter qu'il enseignait à quelques pas des chefs-d'œuvre de Raphaël et de Michel-Ange ; il faisait copier à ses élèves une affreuse croûte, *les Pèlerins d'Emmaüs*, œuvre d'un certain Varèges, son compatriote. — Une société d'amateurs, qui avait formé le projet de faire graver les peintures du Vatican, ne trouva personne capable de cette entreprise. J.-B. Piranesi venait de mourir ; mais ce n'est pas lui et ses imitateurs qui auraient pu, de leur pointe fine, fantaisiste, infidèle, visant à l'effet, reproduire les splendides compositions de Raphaël. Ce n'est que plus tard que Volpato, né à Bassano, remplit cette difficile et glorieuse tâche ; c'est à lui et à son élève et gendre (1), Raphaël Morghen , que la chalcographie romaine doit ses plus magnifiques planches.

Deux Allemands, Winckelmann et Mengs, avaient cependant tenté pour l'Italie une seconde Renaissance. La découverte d'Herculanum et de Pompeï favorisait leurs savants efforts, et s'ils furent impuissants à ramener leur siècle au bon goût, du moins, grâce à leurs livres, ils firent revivre l'amour et l'étude de l'antiquité. L'érudition de Winckelmann était plus solide que celle du comte de Caylus, mais il n'avait ni le sentiment, ni la critique de l'abbé Barthélemy. Il prit pour des modèles de style grec des monuments romains, et il décrivit et loua l'Apollon du Belvédère comme le type le plus parfait de la beauté

(1) Canova aima aussi la fille de Volpato, mais la belle Domenica préféra Morghen.

idéale et de la ligne pure. — Mengs, lui aussi, manquait de génie ; la ténacité de son père l'avait fait peintre ; à force de travail, il était parvenu à posséder tous les secrets de son art, et surtout à en parler avec une grande science ; mais dans l'exécution il resta froidement exact, sans force et sans inspiration. A peine arrivé, Bouquier n'entendit parler que de Mengs ; on était encore sous le charme de son *Parnasse* représenté au plafond de la villa Albani ; et depuis peu de jours il venait d'exposer deux nouveaux tableaux, *Archimède en méditation* et *Persée vainqueur*. Le mathématicien de Syracuse semblait apercevoir le point d'appui de son fameux levier ; il était réussi ; mais Persée, roide, guindé, n'avait pas l'air triomphant ni amoureux d'Andromède, qui cependant était assez jolie.

Il faut reconnaître qu'à ce moment l'Allemagne méritait tous les honneurs dus au progrès en esthétique, car Lessing avait publié déjà en 1763 son excellent livre, mais encore inconnu en France et en Italie (1).

En France, **M.-J.** Vien, plus timide parce qu'il était moins instruit, voulut, de même, rompre avec les traditions du faux et du maniérisme ; s'affranchissant des leçons de C. Natoire et des de Troy, il se mit à dessiner le nu, *l'académie*. Il alla à Rome en 1744 comme pensionnaire du Roi, et se passionna pour l'art antique, surtout après un pèlerinage aux villes romai-

(1) *Du Laocoon, ou des limites respectives de la poésie et de la peinture.* Paris, Renouard, 1802. — Traduit par Ch. Vanderbourg.

nes nouvellement exhumées au pied du Vésuve. De retour à Paris, la faveur l'accueillit ; mais, ainsi que le lui reprochait, plus haut, Bouquier, il n'atteignit jamais à l'idéal. Sur ses vieux jours, il revint aux *bergeries* de Boucher.

Bouquier trouva Vien à Rome ; il venait d'y être envoyé comme directeur de l'Académie de France, et il avait amené avec lui son cher élève L. David, que plusieurs concours infructueux avaient découragé à ce point qu'il avait tenté de se suicider. Semblable à Mengs et à Vien, David n'était pas né peintre ; cependant l'ardeur révolutionnaire lui a inspiré deux fortes œuvres, *Le jeune Barra mourant*, ébauche au musée d'Avignon, et *Marat assassiné*, de la galerie du prince Napoléon. Il a peint aussi de très beaux portraits ; mais toute la sentimentalité théâtrale qu'il a dépensée, toute la défroque dont il a affublé ses prétendus Grecs et Romains ne valent pas mieux que les sourires des Iphigénies en poudre et en paniers, que la gravité des Agamemnons en perruque et en talons rouges d'un autre âge. Ses tableaux sentent la torture d'un esprit non inventif ; chaque personnage semble avoir été découpé, nu, en silhouette, ainsi qu'on peut s'en convaincre au Louvre, devant l'esquisse du *Serment du jeu de Paume*. Ce peintre a passé sa vie à chercher l'expression, un programme emphatique à la main, et les moyens qu'il a mis en œuvre sont si compliqués qu'il faut un long commentaire pour comprendre ses ouvrages ; je n'en excepte pas *les Sabines*, son meilleur tableau d'histoire. S'il eût continué à peindre, en voyant et en sentant avec passion, comme dans les deux œuvres républicaines que nous avons citées, il eût, peut-être, acquis *la qualité éminente de peintre vrai*, que lui accorde son élève reconnaissant, J. Delécluze (1). Ce qui sera pour lui un éternel honneur, c'est d'avoir préparé des maîtres, tels que Gros, Girodet, Gérard, Léopold Robert, David d'Angers, Rude, et avant eux tous, le raphaëliste Ingres. — David ne fit que dessiner pendant les premières années de son séjour à Rome ; le tableau qu'il envoya à l'exposition de 1778, *les Funérailles de Patrocle*, était traité en esquisse, il contenait plus de cent figures ; une académie d'*Hector attaché au char d'Achille* qu'il y avait jointe était préférable.

Un autre élève de Vien, Peyron, premier prix de peinture, pensionnaire du Roi, étudiait à Rome, depuis 1773 ; il s'était fortifié plutôt en copiant N. Poussin qu'en suivant les leçons de son maître. Il sut s'approprier quelques-unes des grandes qualités du peintre des Andelys : le bon choix et la sévérité de la composition, la noblesse du style, la justesse du ton et la correction ; il savait bien l'histoire et n'exagérait jamais la mise en scène. Les tableaux qu'il a gravés lui-même à l'eau-forte l'attestent : *la Mort de Sénèque, le Sort d'Athènes, Cimon rachetant le corps de son père, Socrate arrachant au vice Alcibiade.*

Peyron était Provençal ; Bouquier l'aborda dans l'idiome de la langue d'oc, et ils furent bientôt liés. La manie de

(1) *Louis David, son école et son temps*, par J. Delécluze.

rimer gagna Peyron au contact de Bouquier ; il ne sut pas résister au désir de répondre à l'épître élogieuse de son ami (1), qui le représentait *soumettant la nature à ses pinceaux et ramenant en France l'amour du bon goût et du beau.* Peyron ne rentra en France qu'en 1781 ; son mérite ne se démentit pas ; il travailla tout autant que Vien et que David à la réforme de la peinture ; nommé directeur des Gobelins, la Révolution le priva de sa place ; il n'est mort qu'en 1820 ; il aima toujours Bouquier, et ce qui le prouve, c'est que lui qui était royaliste composa, en 1794, pour son ami jacobin, un dessin à l'encre de la Chine représentant *la Patrie décernant des récompenses à la vertu et à l'héroïsme républicains.*

Parmi les autres artistes français que Bouquier connut à Rome, il cite : les pensionnaires du Roi de France, Bonvoisin, peintre d'histoire ; La Boissière jeune et Pasquier, sculpteurs ; Lemoine, architecte. La Boissière moulait de petits médaillons d'après l'antique et des portraits d'un fini précieux ; Pasquier avait employé ses quatre années d'études à dessiner une immense frise sur papier ; c'était un projet de péristyle représentant un triomphe ; le nombre des figures surpassait celui des colonnes Trajane et Antonine ; roulé en cylindre, le papier avait un pied de diamètre ; — Coste, peintre-décorateur, élève de Brunetti ; ses connaissances en perspective l'a-

____

(1) *Épître à M. Peyron, peintre d'histoire, pensionnaire du Roi, à Rome en 1779*, par G. Bouquier.

vaient fait choisir par Vien pour donner des leçons à l'École de France. — Danloux, bon coloriste ; il avait copié l'Apollon du Belvédère de grandeur naturelle en imitant le marbre (1). Gaudin, paysagiste, élève de Casanova, meilleur musicien que peintre ; un personnage haut placé l'ayant engagé à jouer dans un concert : « Je vends mes tableaux, c'est vrai, répondit-il, mais je ne joue de la flûte que pour mon plaisir. » — Pérignon, peintre de gouaches, membre de l'Académie de peinture, après avoir visité la Suisse, vint à Rome en 1779. Les études qu'il fit d'après les monuments antiques, ne lui servirent pas, car il mourut peu de temps après sa rentrée à Paris. — Genillon, de Paris, paysagiste, élève de J. Vernet; envoya à l'exposition de 1778 deux tableaux : *le Fanal de Naples au clair de lune*, et *une Vue du château Saint-Ange au soleil couchant*.

Parmi les étrangers, on distinguait encore Névé et Norton, peintres anglais. Névé résidait à Rome depuis 1745; en 1777, il n'avait fait qu'une seule fois l'essai de ses forces. Son tableau fut favorablement accueilli en Angleterre ; mais ce succès ne l'encouragea point, car il se mit avec Lonsing à s'occuper de chimie, pour analyser et retrouver les procédés de coloris du Corrège et du Titien, et il ne fit plus rien. Norton était le meilleur paysagiste qu'il y eut alors à Rome. Bouquier loua beaucoup quatre tableaux de lui : *Éruption du Vésuve. — Site alpestre sous un ciel pluvieux. — Vue du lac Albano*

(1) Voy. le livre de M. Bellier de la Chavignerie : *Les Artistes français du XVIIIe siècle oubliés ou dédaignés.*

avec un ciel calme. — Vue des environs de Rome, au soleil couchant. En fait de peintres flamands, il y avait Leclerc jeune, dont il a été question plus haut, qui faisait copier les tableaux d'un de ses compatriotes par ses élèves; artiste médiocre, ainsi que Rhiderbos, le paysagiste.

Le Phidias de ce temps était un Français (1); il s'appelait Marie Poncet. Né à Lyon, il était venu s'établir à Rome vers 1760; son talent lui avait valu le titre de Citoyen romain. Il dessinait assez bien et ses têtes avaient de l'expression. En 1777, il avait été mandé à Ferney pour modeler le buste de Voltaire, et on estimait ce portrait du célèbre écrivain l'un des meilleurs qu'on connût (2). Les deux chefs-d'œuvre

(1) Canova ne quitta Venise qu'au mois d'octobre 1779; il ne fut vraiment en réputation à Rome que vers 1783. — Allegrain et Pigalle soutenaient dignement alors, à Paris, l'honneur de la sculpture française.

(2) Le livre de M. Ev. Bavoux, *Voltaire à Ferney*, contient une lettre amicale et des plus louangeuses, adressée par Voltaire à Poncet :

A Monsieur Poncet, sculpteur,

De Ferney, 6 février 1776.

Mon cher confrère de Lyon et d'Arcadie (1), vous m'accablez de vos bienfaits. Je suis pénétré de la bonté avec laquelle vous vous êtes souvenu de la Saint-Barthélemy ; cette médaille m'est bien précieuse. Comment puis-je vous remercier de tout ce que vous faites pour moi? Nous vous regrettons à Ferney autant qu'on vous aime à Lyon. Ajoutez encore à tous vos bons offices celui de dire à M. de La Tourrette (2) combien je suis sen-

(1) Membre des Académies de Lyon et des Arcades de Rome.
(2) Naturaliste de l'Académie de Lyon.

de Marie Poncet étaient la statue d'une jeune fille nommée Dubreuilh, qui se jeta dans le Tibre par désespoir amoureux. Le sculpteur l'avait représentée dans l'attitude où il l'avait vue, couchée sur le sable au moment où des pêcheurs la retirèrent du fleuve; il avait pu mouler son beau corps sur nature. La seconde statue figurait *Arthémise pleurant son époux.* Plus heureux pour celle-ci, la renommée de Poncet peut se perpétuer grâce à une eau forte de Lonsing, probablement très rare, si elle n'est pas unique, que j'ai retrouvée dans les cartons de Bouquier. — Arthémise, debout, s'incline et s'appuie sur l'urne cinéraire qu'elle couvre de sa main et de ses larmes; elle a laissé tomber à ses pieds son sceptre et sa couronne. La tête est noblement alanguie et belle, mais le corps gigantesque mesure au moins huit têtes, et le cippe, sur lequel l'urne est placée, va se renverser; le bras gauche se détache dans l'espace, la cambrure de la hanche droite est incorrecte; le man-

sible à la lettre que je reçois de lui, à tout ce qu'il me dit de vous et de l'Académie, avec marques d'estime et d'amitié que vous recevez de toutes parts. Comptez, surtout, parmi vos vrais amis et parmi ceux qui rendent le plus de justice à vos grands talents (1),

Votre très obéissant serviteur,

Le vieux malade de Ferney, V.

Plus malade que jamais, et ne vivant que pour vous.

(1) Bosset-Dupont, sculpteur de Saint-Claude (Jura), est le premier qui ait fait des bustes de Voltaire; il n'était jamais sorti de sa ville natale, mais il semblait par son talent naturel avoir fait un long cours d'études en Italie.

(Mém. de Longchamps. 2-71).

teau et la robe qui enveloppent la reine visent à l'ampleur et sont lourds; d'énormes rotules fixent les plis de la mouillure de la robe. Au-dessous on lit :

Statue exsécutez en marbre et invantez par Marie-Poncet,
de Lion , et gravez par son amie.

Lonsing (1).

Bouquier quitta Rome le 6 mai 1779. Plus enthousiaste du passé de la Ville Éternelle que de sa richesse, le futur républicain se passionna davantage devant les débris de la Rome antique que pour le luxe papal. A l'imitation de Panini, de Hubert Robert, de Piranesi, il *avait hanté les ruines* et dessiné tous les vieux monuments, à commencer par le Panthéon, le Colysée et l'Arc-de-Tite jusqu'au tombeau de Vibius dans la campagne romaine; palais, thermes, aqueducs, portes, obélisques, vues des rives du Tibre couvrent plus de cinq cents feuilles de son œuvre, riche fonds artistique, auquel il se proposait de puiser un jour. Comme à Bologne, il visita les galeries et les églises; mais les paysagistes, Claude Lorrain surtout, et le réaliste Rembrandt, le frappèrent d'étonnement. Au palais Rospigliosi, il vit un *Point du jour* qui faisait éprouver l'impres-

(1) Lonsing a peut-être mal rendu le chef-d'œuvre de son ami. En résumé , à la plupart des artistes que nous venons d'énumérer, on pourrait appliquer le joli mot de Voltaire, parlant d'une Académie de province (celle de Lyon, je crois?) : *C'est une honnête fille qui ne fit jamais parler d'elle.*

sion de la fraîcheur d'une matinée de printemps; au palais Pamphili, un *Soleil couchant* inondait la salle de ses rayons; on avait offert cent mille écus de cette merveille. Une tête de Rembrandt, peinte avec un peu de bistre qui couvrait à peine la toile, était le *nec plus ultrà* de la couleur sans couleur; la lumière concentrée en un seul point, rejaillissait avec plus d'éclat que toutes les étoffes de satin et de brocart de l'école vénitienne. « Toute l'école française aurait pâli près d'elle. »

Il fit le voyage de Rome à Naples en descendant le Tibre jusqu'à Ostie, et il gagna la mer par Fiumicino. La barque s'arrêtait dans chaque petit port, comme nos diligences d'autrefois à chaque hôtellerie. Les artistes goûtaient alors les moindres détails de leur voyage en Italie. On s'acheminait à petites journées, en barque, en voiture ou à pied, le sac au dos, le crayon à la main, incertain du gîte que la rêverie ou l'étude, en vous attardant, vous forceraient à accepter le soir. On s'arrêtait où la nature était belle, à chaque endroit signalé par un grand souvenir de l'histoire ou de l'art. — En feuilletant les volumineux albums du voyage de Bouquier, la côte romaine se déroule de Porto-d'Anzio à Gaëte; Nettuno, Terracine, les îles d'Ischia et de Procida, enfin Naples avec son magnifique golfe dans la mer Tyrrhénienne, Sorrente, Massa Labruzza, les rochers de Villarca et de Capri, seront pour lui les sujets de mille compositions gracieuses où les tartanes, les felouques, les embarcations de toute sorte et jusqu'aux navires de haut bord, animeront des scènes sans cesse variées. Le soir , il suit les pêcheurs qui jettent leurs filets, il reproduit la lumière de leurs torches et celle de la lune scintillant dans le sillage des barques ; au milieu du jour, il s'arrête sous les grands châtaigniers et près des ormes où grimpe la vigne, et, assis sur un bloc de lave, il nous montre au loin , à travers les rochers, le Vésuve avec son panache de fumée.

Il revient en France , et pendant toute la traversée, il profite jusqu'à la dernière heure de ce spectacle, tour à tour grandiose et enchanteur. Voici Civita-Vecchia ; le môle et son fanal , le mont Argentaro, que frappent, à travers les nuages, les rayons obliques d'un soleil couchant , la tour élégante du canal de Piombino, le profil des îles de Capreia et de Gorgona, se détachant sur le ciel ; Porto-Venere et les environs de la Spezzia avec ses villages nichés aux flancs des rochers, puis Munarolo, Bernazzo Levante, Porto-Fine, enfin Gênes. — Il touche à Nice et va se reposer à Marseille et à Aix , où il prend ses derniers croquis, *la porte Saint-Jean, la Maison-Carrée, Saint-Jérôme, hors les murs.*

Rentré à Terrasson, Bouquier se maria en 1780 avec Mlle Treillard de Lachapelle. Pendant quelques années il partagea sa vie entre les douceurs de la famille et *les charmes de la peinture.* Nommé subdélégué de l'intendance de Guienne, il obtenait, le 28 juillet 1787, une distinction qui lui fut plus chère. L'Académie de peinture de Bordeaux l'admettait dans son

sein. C'est l'abbé Sicard qui fut chargé de lui annoncer cett
bonne nouvelle (1).

(1) L'Académie de peinture, sculpture et architecture civile et navale (
Bordeaux avait été établie par lettres patentes du Roi du 14 novembre 177Ɛ
vérifiées en Parlement le 3 février suivant.

MONSIEUR DE BOUQUIER,

C'est avec un vif plaisir que j'ai l'honneur de vous annoncer que l'Acad&
mie des arts de cette ville vous a agréé en qualité d'associé externe &
comme artiste, et qu'en conséquence les commissaires nommés à cet eff&
vous ont assigné deux morceaux de réception. Ces deux morceaux sont :

*1° Un paysage orné de quelques ruines romaines et éclairé par un sol&
couchant ;*

2° Une marine par un temps calme.

Les morceaux que M. Leydet, votre respectable ami, a fait remettre
l'Académie, et qui ont déterminé votre agrément, seront publiqueme&
exposés au Salon de cette année. L'Académie s'est unanimement décidée
vous admettre dans son sein en la qualité que votre amour pour les ar&
vous a fait préférer. Vos succès déjà obtenus et ceux qui vous sont réservé&
justifieront pleinement cette exception flatteuse pour vous. Pour mo&
Monsieur, je me félicite d'avance d'une association qui est si honorable pou&
la classe des amateurs, puisque vous prouvez qu'au mérite de bien juger &
de bien parler des arts est souvent réuni l'heureux talent de s'y distingu&
par des chefs-d'œuvre et d'offrir au goût de quoi juger.

Je voudrais bien être plus à portée de vous admirer et de cultiver vot&
amitié ; mais j'espère que vous m'en dédommagerez en entretenant ave&
l'Académie, dont j'ai l'honneur d'être souvent l'organe, une correspondanc&
qui me sera plus particulièrement agréable et utile.

Je suis, avec la plus haute estime et les sentiments de la plus tendr&
confraternité, Monsieur, votre très humble et très obéissant serviteur.

L'abbé SICARD,
*Chanoine de Saint-Seurin, Secrétaire-adjoint de l'Académ&
des arts, Instituteur gratuit des sourds et muets d&
naissance et Secrétaire du musée de Bordeaux.*

Bordeaux, le 31 juillet 1787.

Pendant son séjour à Rome, le peintre-poète avait formé le projet de publier ses idées sur la peinture dans un poème, à l'imitation d'Alph. Dufresnoy et de Wattelet; les loisirs de sa vie nouvelle le lui permirent et il l'écrivit sous ce titre : *Les Charmes de la peinture*. J'en fais grâce au lecteur; ce n'est pas plus mauvais, cependant, que ce qu'ont versifié les auteurs que nous venons de citer, en y joignant l'abbé de Marsy et Le Mierre. Les idées de Bouquier sur les peintres de l'école française, le Poussin, le Sueur, Watteau, Lantara, sont avancées et conformes à ce que nous pensons de nos jours du génie ou du talent de ces maîtres.

Si Bouquier n'est pas poète, en revanche, il observe bien, il décrit avec une rigoureuse exactitude, et, en la caractérisant, comme nous l'avons vu pour J. Vernet, l'originalité du mérite des peintres qu'il aime. Il est heureux de parler de Lantara, qu'il avait connu, et sur lequel il avait recueilli de curieuses particularités.

« Lantara est mort à Paris, à l'hospice de la Charité, en 1778, âgé de 49 ans; je ne crois pas qu'il ait eu de maître; il passait des journées entières à contempler les sites qu'il voulait peindre, et lorsqu'il s'était bien pénétré de la forme et de la couleur, il se mettait à l'œuvre et y ajoutait le sentiment; mais ce sentiment était doux, tranquille; il détestait le cliquetis, il n'éparpillait pas la lumière et les ombres. A la vue d'un tableau de Hubert Robert où du linge blanc se détachait sur le ciel, « *M. Robert doit être content,* me dit-

il, *sa lessive est bien blanche.* » Il ne se servait jamais de ce
réveillons qui, comme certaines notes de musique, retentissen
à certains moments pour appeler l'attention ou exciter l'intérêt
Lantara peignait avec facilité; mais, difficile à se contenter, i
mettait beaucoup de temps à terminer un tableau. Il retournai
de toutes les manières l'ordonnance de ses paysages, et sou
vent détruisait, en un moment de caprice, l'ouvrage de plu
sieurs semaines. Il recevait chez lui artistes et amateurs pen
dant qu'il travaillait, ne faisant aucun secret de ses procédé
et en parlant volontiers. Il dissertait sur la lumière et s
diffusion, non pas seulement en coloriste, mais en vrai physi
cien. Sur tout le reste, il était ignorant, et, tranchons le mot
d'une naïveté qui allait à la bêtise. On a raconté sur lui un
foule d'anecdotes dont bon nombre ont été inventées à plaisir
Il était friand et délicat (1), il avait des *manies d'enfant.* Ou
bliait-on de le servir le premier, il se levait et pleurait e
invectivant les convives. Il est très vrai qu'il a donné quelque
fois un dessin pour une friandise, un tableau pour un bon sou
per; mais bien d'autres l'ont fait comme lui. La paresse étai
sa plus grande ennemie. Si le besoin le poussait au tra
vail, c'est alors qu'il fallait l'entendre déplorer son sort
« *Travaille-t-on en paradis?* » demandait-il un jour à un
personne qui l'engageait à faire un tableau. « *Il est vraisem*
blable que non. — Ah! tant mieux, répondit-il, *car je vous jur*

(1) On voit qu'il n'est pas question de son ivrognerie, ni de ces goût
crapuleux et flétrissants pour sa mémoire; tout cela a été imaginé de no
jours.

que si l'on était obligé d'y travailler, j'aimerais cent fois mieux aller en enfer (1). » Ces plaisanteries sceptiques, alors même qu'elles seraient apocryphes, sont dignes de ce temps.

« Lantara était peintre dans toute la force du mot ; il faisait des tableaux vrais et charmants sans autre secours que son propre génie. Je n'ai jamais vu dans la chambre où il travaillait ni tableaux, ni dessins, ni gravures, toute sa science était en lui. Il a excellé dans les *effets d'orages, les coups de foudre, les clairs de lune; les soleils couchants.* Il a une grande intelligence du clair obscur et de la dégradation des tons, par suite, ses œuvres sont pleines d'harmonie. Je lui montrais une tempête de mon peintre de prédilection, J. Vernet : « *Je n'aime pas cette fabrique,* me dit-il, en indiquant un bâtiment qui se détachait rudement sur le ciel, *il faudrait en adoucir les contours ; — mais savez-vous qu'elle est de Vernet ? — Ni l'auteur, ni le prix ne font rien à la chose; M. Vernet est un très habile homme, mais j'aime l'air dans un tableau.* »

Lantara ne vit jamais que son village (2) et les environs de Paris. On lui a reproché la pauvreté de ses compositions. Au-

---

(1) On peut rapprocher cette anecdote de celles-ci : Au moment de mourir, le prêtre qui l'assistait se penchant sur sa couche lui dit : *Préparez-vous, mon fils, vous allez bientôt voir l'Éternel face à face. — Quoi, mon père,* balbutia le peintre, *toujours de face, jamais de profil !* et comme le prêtre approchait de ses lèvres un Christ d'ivoire, morceau d'un mauvais travail : *Oh! non,* dit-il, en se détournant, *il est trop laid.*

(2) Oncy (Seine-et-Oise).

rait-elles été plus riches, plus abondantes, plus naturelles alors qu'il aurait visité l'Italie. Comme à certaines plantes, qui ne s'accommodent ni des soins d'un jardinier habile, ni de la vie factice d'une serre chaude et auxquelles, pour se développer et revêtir les plus belles couleurs, il ne faut que la terre grossière des champs où elles sont nées et la lumière du bon Dieu, Lantara eût été médiocre et stérile, peut-être, en s'appliquant à se développer à l'aide d'un enseignement académique.

> Ne forçons point notre talent
> Nous ne ferions rien avec grâce.

C'est aussi un bon homme qui a écrit ces vers.

« *J'ai travaillé quelque temps avec M. Casanova*, disait Lantara, *mais je n'y restai que peu de jours, parce qu'il voulait me faire faire comme lui, et que je ne voulais faire que comme moi.* »

Tel est le génie qui s'affirme lui-même!

On lui a fait une épitaphe qui est très mauvaise, car on cite *sa foi*, de laquelle nous sommes plaisamment édifiés, et on a oublié de parler de ce qui seul le rend recommandable, de son talent (1).

J. Vernet, Bruandet et Lantara, sont les précurseurs de l'art paysagiste moderne, de l'école naturelle; le paysage-portrait

(1)
> Ci-gît Simon Lantara,
> La foi lui servit de livre,
> L'espérance le fit vivre,
> La charité l'enterra.

et les vues appartiennent à Joseph Vernet. Après lui, Valenciennes ne trouvant pas ce style assez noble, étudia les ouvrages du Titien, des Carraches, du Poussin, et prétendit avoir retrouvé le secret du style héroïque. Il faut lire dans le *Traité de perspective* de ce peintre-écrivain le passage consacré à ce genre de composition ; c'est à lui que les paysagistes du premier Empire empruntèrent la théorie de leurs tableaux. De là ces sites, ces forêts sans air et sans vie, où Narcisse se meurt, où Œdipe se lamente avec Antigone ; les Hamadryades, les Egipans y forment des chœurs de danses échevelées ; les druides s'y promènent vêtus de blanc, la faucille d'or à la main. Les tons verts et criards des arbres s'y heurtent, d'ordinaire, aux couleurs bleues et rouges des vêtements et sont noyés dans une lumière blafarde. On se demande où tant de choses difformes et bizarres ont pu être entrevues. Voilà où conduit l'imitation systématique, l'absence d'émotion vraie et de tout sentiment intime.

Bouquier avait conservé avec ses amis de Paris des relations assidues ; l'abbé de Chazelles, amateur de tableaux et de pierres gravées, lui écrivait de temps en temps et vint le visiter en Périgord ; Bénazech, peintre et graveur, lui aida à décorer les salons du château de M. de Royère de Peyreaux ; M. de La Bastide le tenait au courant des nouvelles politiques. Il recevait les journaux et les brochures qui commençaient à pulluler, et son âme ardente se laissait peu à peu envahir par le souffle révolutionnaire aux dépens de l'art qu'il négligeait.

1789 est venu, Bouquier dit adieu aux pinceaux ; les vers à Délie et à Phyllis ne sont plus de saison. Sa muse se fait patriote et agitatrice ; elle débute par une invective contre les *Duumvirs*, Loménie de Brienne et Lamoignon (1) ; elle trône aux banquets civiques et appelle à son secours cette phraséologie boursoufflée que les révolutionnaires de toutes les époques et de toutes les contrées imposent à la littérature de leur pays. Sa fureur contre les priviléges de la noblesse et la royauté n'a pas de bornes. Le tiers-état de Terrasson le choisit pour son défenseur. Le 8 mars 1789, il rédige les *plaintes, doléances et remontrances des habitants de Terrasson* (2) ; il trace un tableau affreux et malheureusement trop vrai de la misère et des charges qui pèsent sur la population agricole du Périgord. En 1791, il envoie à Loys, député de Sarlat à l'Assemblée nationale, un *Mémoire sur l'injuste assiette de l'impôt*, dans lequel il réfute Mirabeau. C'est lui qui est chargé d'organiser le conseil municipal et la garde nationale de sa ville, et, à cette occasion, il publie un *Poème séculaire qu'il dédie aux amis de la Constitution* (3). Sa popularité grandissait de jour en jour ; enfin, le 21 septembre 1792, il fut nommé député à la Convention nationale.

(1) *Stances irrégulières aux Duumvirs, Brienne et Lamoignon.*

(2) *Pièces diverses écrites au commencement et pendant la Révolution, tant pour le bien général que pour l'intérêt particulier de la commune de Terrasson.*

(3) A Brive, chez Joseph Robin, imprimeur de la Société *des Amis de la Constitution*, 1791.

A peine arrivé, il se rapprocha de son camarade et collègue L. David, et ils allèrent s'asseoir tous les deux au sommet de la Montagne ; leur exaltation était la même, leur conduite se ressembla. Tandis que David exposait, dans la cour du Louvre, le tableau de *Marat assassiné*, Bouquier écrivait l'éloge du tribun et l'affichait sur son cercueil solennellement porté au Panthéon. Même attitude dans le procès de Louis XVI. Bouquier fit paraître une brochure où il développa les raisons qui dictaient sa conduite (1). Son vote pour la mort fut sans appel ni sursis et exprimé avec une haine furibonde contre la royauté. *Louis a commis un assassinat, il en a commis mille, je le condamne à la mort !* Cette sauvagerie républicaine de la bourgeoisie s'adressait, il est vrai, moins au malheureux roi, qu'à la tyrannie en général. Le xviiie siècle avait rendu au mot *tyrannus* son acception antique, et le livre d'Hubert Languet (2) était son guide, sa justification. Le savant et honnête Lakanal (3) n'eut pas d'autre mobile en votant à peu près dans les mêmes termes. Mais ceux qui avaient une portée politique plus grande, *plus mâle*, abattirent la tête royale et celles des Girondins, comme un défi jeté à l'Europe coalisée contre la France.

Nommé, en même temps que David, *membre du Comité de l'instruction publique*, Bouquier présenta, le 21 frimaire an II

(1) *Opinion dans le procès du Roi*, 1792, in-8°.

(2) *Vindiciæ contra tyrannos.* Bouquier, dans ses notes, fait l'éloge de ce livre. La première édition est de 1579, Edimbourg (Basle).

(3) *Opinion du citoyen Lakanal sur la question de savoir si Louis XVI peut être jugé ?* « La royauté est un monstre social, etc. »

(11 décembre 1792), un plan général d'enseignement. Il demande, dans ce projet, l'abolition des priviléges de tous les corps académiques (1) et scientifiques et des hiérarchies pédagogiques ; il faut que tous les citoyens reçoivent une instruction élémentaire, mais qu'on se défie des idées spéculatives, car elles détachent souvent les citoyens de la société, et par suite, compromettent les républiques. A ceux qui objecteraient que savoir lire, écrire et compter ne peut suffire à un administrateur et à un magistrat, il répond, que l'enseignement supérieur sera complété par l'école des séances publiques départementales, par la fréquentation des districts, des municipalités et des sociétés populaires. Le travail sera imposé à chacun comme un devoir, et tout homme qui, n'étant pas cultivateur, aura négligé d'apprendre une science ou un métier avant vingt et un ans, sera privé de ses droits de citoyen. — On voit par cet exposé que les questions de liberté, de gratuité et d'obligation de l'instruction publique ne sont pas une trouvaille du XIXe siècle.

La Convention convertit le projet de Bouquier en décret ; elle réduisit à dix ans seulement la privation des droits de citoyen infligée aux jeunes indociles, et pour récompenser le conventionnel de son éloge des sociétés populaires, *la Société des Jacobins* l'élut président.

(1) David se chargea d'anéantir l'Académie royale de peinture dont il était membre ; elle fut envahie au mois de février 1793 et dissoute aux cris de · « *La voilà donc enfin renversée cette Bastille académique !* »

Le succès de ces premières réformes en faveur de l'instruction du peuple, l'avait mis en verve. C'est toujours le poète médiocre qui rencontre quelquefois juste, mais qui, le plus souvent, pèche par la mesure et le goût. Il monte à la tribune pour lire un second rapport dans lequel il décrit la manière de procurer à la jeunesse les moyens de perfectionner les connaissances acquises dans les écoles instituées par la Convention. Il s'oppose à l'établissement des cours de Droit; il ne veut pas qu'on puisse commenter les décrets de la Convention, ou c'en est fait de la République. « Lorsque le torrent de la Révolution aura englouti les ennemis de la liberté, les sociétés populaires étudieront alors, avec leur nature simple et bonne, les lois, les sciences et les arts. Les églises et les presbytères, livrés aux communes, serviront de maisons d'école ; voilà les lycées nouveaux qui seront ouverts à la jeunesse. » Il atteste que la *Société des Jacobins* de Paris a donné plus d'exemples de savoir, de vertu et d'héroïsme que tous les établissements scientifiques de l'Europe.

C'était extravagant. Heureusement que la Convention ne le suivit pas dans cette seconde campagne contre les méthodes anciennes de l'enseignement ; elle se borna à créer, dans les principales villes de la République, des cours de médecine, de mathématiques et de métallurgie, et elle nomma le président des Jacobins secrétaire de la Convention, le 5 janvier 1794.

(1) Le Museum Français fut décrété par la Convention le 27 juillet 1793, et ouvert le 10 août de la même année, le jour de la *Fête de la Régénération*, anniversaire de la déchéance de Louis XVI.

Le 6 messidor suivant, Bouquier se ressouvint qu'il était peintre ; il fit rendre un décret pour la restauration des tableaux du Museum (1), « à l'exception cependant de ceux » qui avaient trait à la monarchie, *qui ne devaient pas » être tolérés dans une collection nationale.* »

On a beaucoup reproché à Bouquier cet acte de fanatisme. Certainement nous n'essaierons pas de l'absoudre ; mais sa faute est bien atténuée par la conduite de la plupart des savants et des artistes de ce temps ; Cointreau, conservateur du Cabinet des antiques, supprimait des vitrines les médailles flatteuses frap- pées en l'honneur des rois de France. Dans une séance de la société républicaine des arts, Espercieux, le sculpteur, proposa de n'admettre que les sujets patriotiques et de frapper d'os- tracisme la plupart des tableaux de l'école flamande, parce qu'ils ridiculisaient l'espèce humaine. Louis XIV était de cet avis. Enfin Grégoire, l'évêque de Blois, qui avait pris la pa- role pour reprocher aux Français le pillage des objets d'art et leur vandalisme, et qui rappelait avec indignation que la po- pulation de Terrasson avait voulu détruire des tableaux des Carraches faisant partie de la collection de son collègue Bou- quier, parce qu'ils représentaient des objets du culte, lui, Grégoire, ne s'indignait pas qu'on poursuivît *les Tyrans* jusque dans leurs tombeaux de Saint-Denis (1).

Ami de Moline, bibliographe du Comité de l'instruction pu-

---

(1) *Rapport sur les destructions opérées par le vandalisme, et sur les moyens de le réprimer*, par Grégoire, 14 fructidor an 2.

blique et auteur dramatique, Bouquier rêvait de travailler avec son collègue à quelque pièce lyrique républicaine ; en conséquence, ils choisirent pour sujet la fête qui avait été célébrée le 10 août 1793, à l'occasion de l'anniversaire de la déchéance de la royauté, dite *Fête de la Régénération*, et ils suivirent le programme de David qui en avait été, en même temps, le dessinateur, l'organisateur et l'orateur (1). L'œuvre terminée, Romme en fit hommage, au nom des auteurs, à la Convention, qui, sur la motion du président Thuriot, autorisa le Comité de salut public à faire les dépenses de la mise en scène de *La Réunion du dix août 1793, ou l'Inauguration de la République française, Sans-Culottide, en cinq actes,* par Bouquier et Moline (2).

Ces cinq actes se dérobent à toute analyse. L'intérêt consiste à voir se promener dans Paris et s'arrêter à la Bastille, au boulevard Poissonnière, à la place de la Révolution, aux Invalides et au Champ-de-Mars, lieux où se passent les principaux épisodes de la fête, d'abord, le Peuple qui y figure la seule majesté, Dieu seul étant absent (3), puis le Président et les membres de la Convention ; enfin, les Envoyés des assemblées primaires départementales qui débitent d'insipides discours ou chantent des hymnes à la Nature, à la Raison, à la Liberté et à la Patrie. Tous ces versiculets, cette prose emphatique eurent, cependant, d'en-

---

(1) *Rapport sur la Fête et la Réunion républicaines du 10 août,* par David, in-8°.

(2) Imprimée en 1794, in-8° ; très rare, je l'ai demandée inutilement à la Bibliothèque Impériale et à la Bibliothèque de l'Arsenal.

(3) *Histoire des Girondins,* par Lamartine.

thousiastes admirateurs. Trois théâtres furent chargés des représentations : l'Opéra, l'Opéra-Comique et le théâtre Molière, dit *des Sans-Culottes*. Le théâtre des *Sans-Culottes* donna la première représentation de la *Sans-Culottide*, le 13 mars 1794, *de par et pour le peuple* ; à tout seigneur tout honneur. La musique des cantates et des chœurs était de Duboullaye, chef d'orchestre. L'Opéra-Comique esquiva la charge qui lui incombait. L'Opéra, qui était alors à la Porte-St-Martin, donna la pièce, le 5 avril, avec de pompeux décors ; il y eut spectacle gratis. L'italien Porta avait composé la musique, que Castil-Blaze déclare détestable (1). Le 26 juillet 1794, veille de la chute de Robespierre, on suspendit les représentations ; mais elles furent reprises douze jours après, dans la nouvelle salle de l'Opéra, rue de Richelieu, avec un prologue de Moline intitulé : *l'Inauguration du Théâtre des Arts*, et un hymne patriotique du même auteur. La soixantième et dernière représentation eut lieu le 21 janvier 1795, anniversaire de la mort de Louis XVI !

Ce n'est pas cette misérable pièce qui peut donner une juste idée de la Fête de la Régénération qui fut, en réalité, une remarquable solennité, quoi qu'en ait dit André Chénier, qui, à cette occasion, a traité David avec le plus grand mépris (2). Pour

(1) *L'Académie impériale de musique*, Paris 1855, t. 2.
(2)   Arts dignes de nos yeux ! Pompe et magnificence
              Dignes de notre liberté,
        Dignes des vils tyrans qui dévorent la France,
              Dignes de l'atroce démence
        Du stupide David qu'autrefois j'ai chanté.
                André Chénier, *Poésies*, édit. Charpentier, p. 270.

mieux s'en rendre compte, il faut jeter les yeux sur de fines gouaches, pleines de fraîcheur et de vivacité, s'éloignant de la facture lourde des estampes éditées par Blanchard et Villeneuve (1); Bouquier les conservait entre les feuillets d'un almanach de la République, avec ses cartes d'entrée à la Convention. Elles reproduisent les *Stations* de la fête du 10 avril. Les figures de la Nature, de la Liberté et du Peuple, quoique de très petites proportions, y sont d'une correction académique et d'une sûreté de traits toute Davidienne. On sait que David avait inventé ces trois types qu'adopta la République. Mais on ne saurait les lui attribuer avec quelque certitude, car il n'a jamais dessiné, je crois, de si petites choses (2). L'auteur de ces jolies gouaches a assisté à la fête; il est évident, aussi, qu'il s'est inspiré du rapport du peintre-orateur et peut-être de quelques esquisses de celui qui, devant la Convention, implora l'Humanité, la Liberté et l'Égalité, en les priant *d'animer ses pinceaux.* Tout me porte à penser que Bouquier avait reçu en cadeau ces dessins; son *beau* succès dramatique valait bien un pareil hommage.

La *Fête de la Régénération* commença au point du jour, le 10 août 1793. On se réunit sur les ruines de la Bastille, pre-

(1) *Monuments nationaux élevés pour la fête de la Fraternité*, en médaillons, chez Blanchard. — *Vues des six différentes stations de la fête de l'Unité.* Six médaillons au lavis, in-f°, chez Villeneuve.

(2) M. A. Dauban, conservateur du cabinet des estampes de la Bibliothèque Impériale, dont on connaît l'autorité en pareille question, estime ces dessins, originaux et inédits; selon lui, ils sont dus à une main exercée et habile, et mériteraient d'être gravés.

mier acte de la Révolution; là s'élevait la *Fontaine de la Nature régénérée*. Le cortége, composé du président et des députés à la Convention, des membres de la Commune de Paris et des Sociétés des Jacobins et des Cordeliers, des commissaires des assemblées primaires départementales, et de huit mille envoyés, porteurs des votes de la nation qui sanctionnait la nouvelle constitution, s'arrêta, pour discourir et célébrer par des chants le triomphe du peuple : au Boulevard Poissonnière, où était élevé un arc de triomphe à la mémoire de Lepelletier de Saint-Fargeau et de Marat, assassinés; à la Place de la Révolution, ornée de la statue de la Liberté, et à l'Esplanade des Invalides, où se dressait la statue du Peuple victorieux;— on n'arriva qu'à la nuit au Champ-de-Mars, au pied de l'autel de la Patrie.

Les membres de la Convention portaient, chacun à la main, un bouquet de fleurs, de fruits et d'épis nouveaux; huit d'entre eux soutenaient l'arche où était déposée la Constitution, à d'autres étaient confiées les tables sur lesquelles étaient gravés les Droits de l'homme. Autour de ces groupes se tenaient les 86 délégués des départements unis par un long ruban tricolore. Le faisceau national était couronné d'olivier; de jeunes enfants trouvés, adoptés par la nation, étaient bercés dans de blanches barcelonnettes; les élèves de l'abbé de l'Épée figuraient aussi dans cette marche, où la Charité occupait le premier rang. Huit chevaux blancs traînaient le char sur lequel reposait l'urne funéraire contenant les cendres des héros morts pour la patrie et la liberté. Des tombereaux remplis de débris de sceptres, de couronnes et d'armoiries fermaient la marche. Le canon tonnait, les acteurs de l'Opéra chantaient des hymnes, la *Marseillaise et le Chant du départ*; des milliers de voix saluaient les membres de la Convention et les députés de la province. L'enthousiasme était à son comble.

Je vais décrire les gouaches de Bouquier en empruntant quelquefois le langage du rapport de David, afin de leur conserver leur couleur locale, leur véritable physionomie.

Première station. — Les premiers rayons du soleil, symbole de la vérité, éclairent la place où fut la Bastille; les Français commencent à s'y réunir pour célébrer la fête de l'unité, de l'indivisibilité et de la régénération sociales. Au milieu des décombres de la forteresse s'élève la fontaine de la Régénération ou de la Nature régénérée. C'est Isis qui, de ses fécondes mamelles qu'elle presse, fait jaillir l'eau pure et salutaire qui doit laver les traces de l'ancienne servitude (1). Le président de la Convention, Hérault de Séchelles, en but le premier dans une coupe d'or, et la faisant passer ensuite au plus âgé des commissaires·délégués par les assemblées départementales, il dit : *Je touche au bord de la tombe, mais je crois renaître avec le monde régénéré.* Et la coupe circula de main en main. — Des hommes et des femmes du peuple s'accroupissent autour du bassin pour boire à leur tour; d'autres distribuent des épis, des banderoles tricolores et des hymnes patriotiques. Le trône de la Nature est soutenu par deux lions. Le globe ailé,

(1) Dupré a gravé cette figure sur une pièce de 5 décimes, de l'an 2.

symbole du soleil, décore la base du monument auquel on monte par dix degrés. Un bois touffu a déjà poussé sur les ruines de la fameuse prison d'État; sur quelques-uns de ses débris, on lit des inscriptions qui rappellent la victoire du peuple.

Seconde station. — Ce dessin est perdu; il devait représenter l'arc-de-triomphe élevé sur le boulevard Poissonnière en l'honneur de Lepelletier de Saint-Fargeau et de Marat et des héroïnes des 5 et 6 octobre 1789, victorieuses des gardes du corps. Assises ou debout sur des canons et tenant des palmes et des trophées, elles reçurent du président de la Convention une branche de laurier et furent invitées à suivre le cortége.

Troisième station. — Au milieu de la place de la Révolution, à l'endroit où était tombée, il y avait six mois, la tête de Louis XVI, et où ne tarda pas à être sacrifiée Marie-Antoinette, sur les débris *existants,* dit David, *du piédestal de la tyrannie* (1), s'élève entre quatre chênes la statue de la Liberté; elle est assise, coiffée du bonnet d'affranchi, tenant une pique de la main droite et reposant la gauche sur la boule du monde; devant elle, un autel et un bûcher en flammes où brûlent les insignes de la royauté. Des citoyennes, unies par des guirlandes de fleurs, dansent une ronde autour de l'autel au son d'une musique guerrière, *coiffée de rouge;* les assistants acclament la

____

(1) Statue de Louis XV.

liberté, des bandes d'oiseaux s'envolent *portant au ciel le témoignage de la liberté rendue à la terre*. A droite et à gauche, sous un dôme de verdure formé par les arbres du jardin des Tuileries se voient les statues équestres de la Renommée et de Mercure, d'Antoine Coysevox ; dans le lointain, les Champs-Élysées.

Quatrième station. — La scène se passe sur la place des Invalides. Au milieu d'un bois de chênes s'élève au sommet d'un rocher la statue colossale du Peuple français, sous les traits d'Hercule (1) ; sous son pied gauche, le Peuple tient terrassé le monstre de *l'ambition fédéraliste* et s'apprête à l'écraser de sa formidable massue ; du bras gauche il retient le faisceau départemental. Au pied du monument fraternisent des membres de la Convention, des délégués, des gens du peuple. Une compagnie de miliciens en bonnet rouge défile, avec sa bannière, entre la statue et le peuplier (*populus*) de la liberté ; à gauche et en perspective, l'Hôtel des Invalides, derrière lequel le soleil se couche.

Cinquième station. — On est arrivé au Champ-de-Mars ; il fait nuit ; la lune se dégage des nuages et éclaire l'autel de la Patrie, érigé au sommet d'une immense estrade (*montagne*, dit David,) ornée de bas-reliefs et illuminée de lampadaires et de trépieds en bronze. A droite et à gauche, sur le premier plan,

(1) J. Georges Wille, dans son *Journal*, dit qu'elle avait 24 pieds ; il donne d'autres détails curieux ; il fait des souhaits pour que la statue de la Nature soit coulée en bronze et érigée sur la place de la Bastille.

près de grands arbres, se dressent deux termes gigantesque
en granit rouge surmontés des têtes casquées de l'Égalité et d
la Liberté (1). Dix-sept gradins conduisent au premier palie
où se voit un tombeau à l'antique destiné aux cendres de
héros morts pour la liberté ; deux génies funèbres le couronnen
On gravit encore une quinzaine de marches pour arriver sur l
plateforme où est l'autel de la Patrie ; le feu sacré est allumé
Hérault de Séchelles présente à l'acceptation du peuple la Consti
tution ; un millier de voix lui répondent ; les membres de l
Convention, les délégués, les sociétés populaires, la plupart
genoux, font le serment de la défendre. Dans le fond, un édi
fice illuminé.

A propos de cette fête et de celle de l'Être suprême, devar
ces trois types de la Nature, de la Liberté et du Peuple, peu
on affirmer qu'il y a un *art républicain* frappé à un coin spé
cial, portant dans ses flancs une création toute française ? Sar
doute ces fêtes, malgré leur appareil théâtral et leur clinquant
ne manquent pas d'une certaine grandeur ; mais elles ne cons
tituent pas, à elles seules, un style. L'érudit Jules Renouvier
sincère panégyriste des actes et des hommes de la Révolution
a tenté de le prouver en groupant des noms et des œuvr
d'artistes de cette époque (2). David, malgré les tableaux qu

(1) David avait demandé qu'une guirlande tricolore fût tendue d'un term
à l'autre pour y suspendre le niveau national. — *Il planera sur toutes le
têtes indistinctement : Orgueilleux, vous courberez la tête !*

(2) *Histoire de l'art pendant la Révolution*, ouvrage posthume de Jul
Renouvier. Paris, J. Renouard, 1863.

nous avons cités et quoi qu'il ait tenté pour donner de l'originalité aux *nouveaux dieux*, n'inventa rien. Il eut beau tremper dans le sang le vieux bonnet vert de l'affranchissement, en coiffer une femme puissante, assise sur un trône neuf et l'armer d'une pique, son Peuple n'est qu'un Hercule fort et brutal, sa Nature est une divinité égyptienne. *Vieux habits, vieux galons;* et aucun artiste ne le suivit dans la voie qu'il avait indiquée. Quand la Convention (1) décréta l'érection de la statue de la Nature sur la place de la Bastille, de celle du Peuple sur le terre-plein du Pont-Neuf et de la Liberté sur la place de la Révolution, aucun artiste ne se présenta, et cependant ils avaient faim, les malheureux! c'était pour leur venir en aide que l'exécution de ces monuments avait été proposée.— Qu'ont de commun les suaves allégories de Prudhon et celles de Gérard avec le génie révolutionnaire? Peintres, dessinateurs, graveurs, sculpteurs, appartiennent, d'esprit et de cœur, à l'ancienne monarchie. Ils n'ont pas une idée à mettre au service de la République; quelques-uns ont reproduit les scènes les plus émouvantes de la Terreur d'une manière froide, banale, souvent par complaisance ou plutôt par nécessité. Est-ce que l'esprit français n'était pas mort? Pendant deux ans, la satire, la caricature restèrent muettes, dans la stupeur!

Il semblait que la Révolution n'avait qu'à frapper la terre pour en faire sortir des légions de poètes et de peintres, et elle ne peut enregistrer que les noms de Rouget de Lisle, de Le

____

(1) 21 et 22 prairial an 2.

Brun et de David, qui se traînèrent dans les sentiers battus de l'aristocratique mythologie. Aussi, vienne le despotisme militaire, et tous ces gens-là descendront rapidement des régions titaniques d'où ils espéraient escalader le ciel et ramperont devant le nouveau maître; heureux d'échapper ainsi à de compromettantes amitiés qu'ils renient, et au couteau de la guillotine, qu'ils avaient aidé à abattre sur tant de nobles têtes. La plupart sont dignes de figurer dans le *Dictionnaire des Girouettes* (1). Bouquier dit, pour sa justification, qu'il était las de l'inconstance des factions qui s'étaient égorgées tour-à-tour, de l'ambition et de la violence des chefs montagnards, des caprices du peuple, et qu'il n'espérait plus que dans un pouvoir stable, fort et aimé. Ces revirements politiques, qui semblent si étranges, sont souvent de bonne foi. Lors de la chute de Robespierre, beaucoup de républicains s'écrièrent que la République était sauvée. J'ai sous les yeux une lettre d'un ami de Bouquier, l'abbé Prunis, qui en est une preuve convaincante (2).

(1) Paris, 1815, in-8°.

(2) *Aux citoyens, officiers municipaux de la commune de Cyprien,
sur Dordogne.*

Périgueux, 16 thermidor, l'an II de la République,
une et indivisible.

Citoyens collègues,

En recevant ma lettre vous aurez appris qu'un nouveau Catilina agitait le Sénat de son audace, que déjà il touchait au moment d'immoler à son ambition, à sa fureur ou à la vengeance, la représentation nationale : les conjurés étaient prêts; mais le génie de la France a veillé sur elle, la Répu-

Il faut le reconnaître, autant la Révolution fut grande et glorieuse à ses débuts, autant le terrorisme l'abêtit en l'appauvrissant d'une foule de hautes et généreuses intelligences. Avouons aussi que les hommes qui triomphèrent de Robespierre, de Saint-Just et de leurs partisans, étaient des scélérats qui valaient moins qu'eux.

Il semble que Bouquier eût épuisé son ardeur politique dans le procès du roi. Bien que toujours mêlé au parti de

blique est encore une fois sauvée et le sera toujours. Robespierre, Couthon, Saint-Just, Henriot, la municipalité de Paris, ces traîtres ont été frappés de la foudre populaire, et la liberté brille d'un nouvel éclat !

Profitez du moment, montrez-vous avec l'énergie qui vous est ordinaire ; que la garde nationale tout entière soit rassemblée, que le peuple soit invité à se trouver à l'arbre de la liberté ; marchez-y tous en masse, lisez la proclamation de la Convention et jurez de nouveau l'unité, l'indivisibilité de la République. Ralliement à la Convention et guerre à mort aux traîtres, aux factieux et aux conspirateurs !

Bourzolles s'est encore échappé à Vierzon, allant à Paris. On a envoyé son signalement et il est hors la loi. Portez un œil vigilant partout ; avertissez le peuple. Le traître et l'homme faible qui lui donne asile sont également punis.

J'espère venir vous joindre sur la fin de ce mois, citoyens collègues, et ce ne sera jamais assez tôt au gré de mes désirs.   P. Prunis (*).

(*) Prunis était chanoine de l'abbaye de Chancelade quand la Révolution éclata. Il s'occupa de travaux littéraires et philologiques. Ce fut lui qui découvrit au château de Montaigne le manuscrit du *Voyage de Montaigne en Italie*. Il avait recueilli les collections et les documents que le savant Chanceladais Leydet, conservateur des manuscrits de la bibliothèque de la rue de Richelieu, avait amassés sur l'histoire du Périgord. Il possédait aussi ceux que notre compatriote M. de Bertin, ministre des finances sous Louis XV, avait fait recueillir par plusieurs savants pour servir à une histoire de sa province. A sa mort, ses héritiers vendirent au poids ses livres et ses papiers. Jouannet, de Bordeaux, n'apprit cette fâcheuse nouvelle que lorsqu'il ne fut plus temps de sauver le moindre débris. Prunis a été, sous le premier Empire, député de la Dordogne au Corps Législatif et sous-préfet de Bergerac.

l'action, sa conduite avec les Montagnards fut prudente et pleine de circonspection. Il s'était ménagé, en qualité d'artiste, des amis dans tous les rangs. En 1795, le sort ne lui ayant pas été favorable, il ne passa pas aux Conseils. Il résolut de quitter Paris, heureux, au fond, de s'arracher à cette vie fiévreuse, délirante, qu'il eût plus utilement employée à cultiver son art. Il vendit quelques tableaux de maîtres et un certain nombre d'études qu'il avait faites en Italie. Revenu au village, il reprit ses crayons; mais sa main commençait à faiblir et l'inspiration l'avait abandonné. C'est en vain qu'il cherche à reproduire les motifs de ses premières études. Ces ciels, ces rochers, ces eaux, qu'il rendait si bien, ne disent plus rien à son âme; c'est en vain qu'il glisse sous les grands arbres quelque vieux souvenir de l'Italie, le temple de la Sybille, la pyramide de Cestius, des débris du palais des Césars; la voix de la nature, le sentiment sont muets.

Il était entouré d'une population excellente, sans doute, et que sa conduite austère et sa piété édifiaient, mais complétement étrangère à toute idée artistique. Le chagrin, le découragement le mordirent au cœur, parfois, malgré la bonne amitié que lui témoignaient, toujours, Loys, de Sarlat; Lacombe, évêque d'Angoulême; Élie Lacoste, d'Eymet, son ancien collègue à la Convention; Lachambeaudie, son neveu, père de notre célèbre fabuliste, et quelques familles honorables du pays. Il s'occupait de l'éducation de ses deux filles, et détournait ses regards de cette Révolution qu'il crut, d'abord, chrétienne et devant laquelle, d'après lui, devaient disparaître toutes les passions; utopie des révolutionnaires sincères qui rêvent la fraternité absolue, en faisant abstraction de la nature humaine. Quand un pouvoir nouveau s'imposa à la France par de glorieux faits d'armes, s'il brûla quelque encens en son honneur (1), du moins il eut la dignité de ne lui rien demander. Dans les *Réflexions* qu'il a laissées sur la Révolution, il blâme énergiquement son ancien ami, David, de sa conduite. Depuis qu'il l'avait vu persécuter Hubert Robert et quelques autres artistes, il s'était éloigné de lui; peut-être que le concours qu'il lui avait prêté lors de l'apothéose de Marat n'était pas étranger à ce sentiment de répulsion, car voici ce que Bouquier a écrit sur ce triste acte de leur vie :

« David et moi avions sans doute le cerveau troublé par les vapeurs irritantes qu'exhalaient les écrits révolutionnaires et les motions exaltées qui frappaient chaque jour nos oreilles, lorsque, dans la cour du Louvre, David fit élever un catafalque sur lequel il exposa à la vénération du peuple le tableau de *Marat mort assassiné*, et moi, lorsque j'attachai au cercueil de Marat quatre vers que j'avais eu la sottise de faire à sa louange et qui formaient une menteuse épitaphe ; J'EN DEMANDE BIEN PARDON A DIEU. »

Bouquier, comme tous les réactionnaires, n'a pas d'épithètes assez flétrissantes pour stigmatiser les excès de ses anciens

(1) *Épître au Premier Consul.*

amis, les Montagnards et les Jacobins. Il va jusqu'à incrimine
les écrits des Encyclopédistes; il dépasse le but; il se sen
coupable et il mérite la sévérité de l'histoire, bien qu'il n'ait pa
pris une large part au régime de la Terreur (1); on est aussi cri
minel par faiblesse que par cruauté. Dans ses écrits, il a cr
atténuer son fameux vote par cette phrase : « *Si Louis XVI e
Marie-Antoinette avaient su se plier aux circonstances, il
n'eussent pas péri sur l'échafaud.* » Pouvait-il croire qu
Louis XVI se serait *plié* à accepter la présidence de la Répu
blique?

Que sont devenues les œuvres dessinées ou peintes que Bou
quier a livrées au commerce? Je n'ai jamais vu son nom figure
dans les catalogues de vente ; il a signé cependant quelquefoi
ses meilleures marines et ses grands dessins de ruines. On n
peut pas dire qu'il a été oublié ou dédaigné, car il est rest
absolument inconnu. Sa manière, qui se rapproche beaucoup d
celle de J. Vernet, de Hubert Robert et de Servandoni, a dû

(1) Il fut le protecteur de Cassini qui avait été chassé de l'Observatoire
et, chose étrange, il avait réservé une place d'honneur, dans ses porte
feuilles, à un *projet de monument à élever à la gloire de Louis XVI et d
la France*, dessiné par Touzé en 1775, pour l'ouvrage de l'abbé de Lube
sac. Ce dessin a été gravé par Masquelier le père. — Il y a vraiment des fait
contradictoires, inexplicables, dans la vie de certains hommes de cette épo
que. Ils imposent le martyre à d'illustres victimes et accordent à leu
mémoire de pieux regrets. On sait que J.-B. Courtois, chargé par
Convention de l'inventaire des papiers de Robespierre, trouva dans un t
roir secret du bureau du dictateur, une lettre autographe et une boucle d
cheveux de Marie-Antoinette; à ces souvenirs était joint un petit tablea
représentant des fleurs, sous lequel Robespierre avait écrit : « *Peint pa
la Reine.* »

faire classer et confondre avec ces maîtres. Plus d'un portefeuille d'amateur contient des ouvrages de cet artiste abrités sous des noms retentissants.

Sa peinture a poussé au noir; mais les ciels, les eaux, les navires, sont habilement traités; les tons sont justes et la gamme bien soutenue; la touche est facile, la perspective est excellente; il en avait fait une étude approfondie; il le prouve surtout avec les vieux monuments. Ses dessins sont préférables à ses tableaux; rien de plus prestement enlevé. Il se sert ordinairement de la plume relevée de lavis à l'encre de Chine ou à l'aquarelle. L'aspect de ces débris frustes, rongés par le temps, est d'un beau caractère; la *vue d'un aqueduc écroulé dans la campagne de Rome* est une de ses meilleures compositions; deux autres représentant, l'une les *Restes du temple de Jupiter tonnant*; l'autre, l'*Arc de Tite*, sont d'une *maestria* digne de Panini; sur un ciel lumineux, se détachent et se perdent à l'horizon de longues colonnades entremêlées de feuillage qui en égayent la sévérité et l'imposante ordonnance. Ce qu'il ne sait pas faire, ce sont les figures. Les petits personnages qu'il pose çà et là sont sans mouvement et sans vie. Outre le nombre considérable d'études détachées que j'ai de lui, je possède le journal de son voyage en Italie, qui remplit plus de 300 pages.

Le portrait placé en tête de cette notice le représente à l'âge de 26 ou 27 ans; il a dû être peint lors de son premier voyage à Paris. Il est fluet, délicat; le front, large et haut, domine un œil noir et vif; les lèvres sont minces et railleuses; l'expression est fine et distinguée. Sa tenue est élégante; cheveux poudrés, retroussés par le catogan; jabot, habit de satin vert chatoyant. C'est bien là le type d'un esprit enjoué, aimable, né plutôt pour *sacrifier aux Grâces* que pour dicter des lois à son pays.

Bouquier mourut le 6 octobre 1810. Il fut la dupe de son imagination et de son cœur; son éducation, mélange assez singulier d'orthodoxie religieuse et de philosophie voltairienne, le convia à régénérer l'humanité. Cet amant de la nature, ce vrai peintre, mais ce semblant de poète n'avait été créé que pour se complaire aux beautés de l'art et reproduire un petit coin délicieux du monde où il vivait. Un peu de modestie, et il était sauvé. Combien d'hommes sont morts désespérés d'être méconnus; ils avaient visé trop haut.

Le député à la Convention nous est peu sympathique; mais l'artiste se recommande par de brillantes qualités; il nous a fourni des renseignements sur l'art au xviiie siècle, dont nous lui sommes reconnaissant. Nous l'avons suivi, avec un vif intérêt, dans les pérégrinations de sa vie jeune, studieuse et si riche en promesses, et nous nous sommes laissé aller à l'aimer. — Quant à lui, il n'aurait jamais consenti à échanger son importance politique contre ses meilleures toiles, et nous, nous abandonnerions, volontiers, tous ses titres à l'estime des réformateurs pour le moindre de ses croquis.

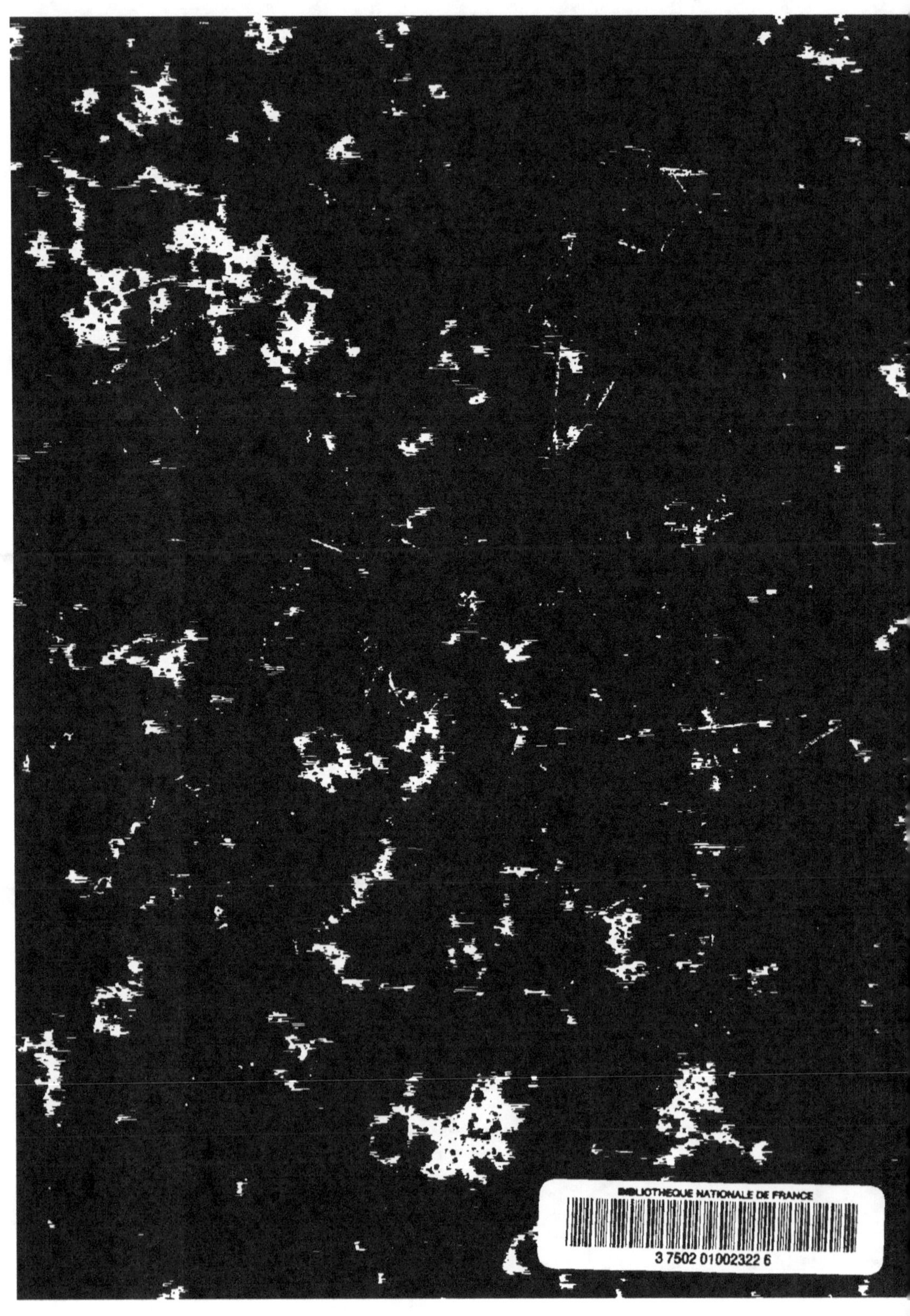